■■■ Inhalt

1 EXISTIERT GOTT?

Ist es vernünftig, an Gott zu glauben? Lässt sich Gottes Existenz logisch beweisen, auch ohne sich auf eine religiöse Erfahrung oder einen Sprung in den Bereich des Glaubens berufen zu müssen? Oder ist Gott lediglich eine psychologische Vergegenständlichung, ein primitiver Mythos? Wie kann man sich je sicher sein, dass es einen Gott gibt? Was spricht für seine Existenz?

Unsere westliche Kultur mag Gott als unbedeutend für unser Dasein abtun und den Eindruck vermitteln, Gott sei abwesend, mache seit langem Urlaub. Das mag manchen Menschen ein Gefühl von Freiheit und Eigenständigkeit verleihen, doch hat er uns nicht von Langeweile, Angst, Selbstmord, Stress, Drogen, Verbrechen, Vergnügungssucht und anderen Neurosen befreit.

Nachdem der Psychiater Viktor Frankl die Zwangslage des Menschen diagnostiziert hat, führt er aus, dass heutzutage immer mehr Menschen die Mittel haben zu leben, aber keinen Sinn, für den es sich zu leben lohnt.[1] Und nach dem Psychoanalytiker Erich Fromm, der sich besonders mit den menschlichen Verhaltensweisen beschäftigt hat, leiden die meisten Patienten, die einen Psychiater aufsuchen, an einem „Bewusstsein, dass uns das Leben wie Sand durch die Finger läuft, dass wir sterben werden, ohne gelebt zu haben, dass wir im Überfluss leben und doch ohne Freude sind"[2].

Angesichts unserer sozialen und geistigen Krise ist es nicht jenseits aller Vernunft, das fehlende Bewusstsein für die Wirklichkeit Gottes als Hauptübel zu betrachten. In der Geschichte hat sich wiederholt die Wahrheit bestätigt, dass die Menschen, wenn sie das Übernatürliche leugnen, in den Abgrund des Nihilismus stürzen. Wo Gott verworfen wird, wird das menschliche Leben nach Thomas Hubb „widerlich, triebhaft und kurz". Da gibt es kein Lied der Hoffnung, sondern lediglich den Schrei der Verzweiflung.

■■■ Wenn es Gott wirklich geben würde

Ob Gott existiert oder nicht, hat weit reichende Auswirkungen auf die menschliche Existenz. Kein anderes Thema berührt unser Leben so sehr. Es hat tief greifende Auswirkungen auf alle Wirklichkeitsbereiche. „Die größte Frage unserer Zeit", merkt Will Durant an, „ist, ob die Menschen es aushalten, ohne Gott zu leben." Mortimer Adler, Philosoph und Leiter des „Institute for Philosophical Research" in Chicago, pflichtet dem bei: „Von Gottes Existenz auszugehen oder sie zu leugnen, hat in Theorie und Praxis größere Auswirkungen als jede andere Frage."

Ob Gott existiert, ist die entscheidende Frage, noch bevor wir sonst irgend etwas über Gott aussagen. Sie spielt eine wesentliche Rolle in unserem Leben, wie sich bei genauerem Hinsehen zeigt.

Auf einer Brücke in New York beobachtete ein Polizeibeamter einen Mann, der offenbar Selbstmord begehen wollte. Der Polizist näherte sich ihm vorsichtig und rief: „Hören Sie, wir machen einen Deal: Ich erkläre Ihnen zehn Minuten lang, warum ich das Leben lebenswert finde, und dann kriegen Sie zehn Minuten, um mir zu erklären, warum Sie das Leben nicht für lebenswert halten. Wenn ich Sie nicht überzeugen kann, lasse ich Sie springen."

Nach zwanzig Minuten nahm der Polizist den Mann an der Hand – und sie sprangen gemeinsam von der Brücke.

Die Geschichte ist wahrscheinlich erfunden, aber sie wirft konkrete Fragen auf:

Ist das Leben lebenswert? Wenn es keinen Gott gibt, aus welchem Grund sind wir dann da? Welche Grundlagen haben unsere Wertvorstellungen, unsere Moral, unsere Vernunft, unsere Würde und Persönlichkeitsmerkmale? Wenn es keinen Gott gibt, sind wir – nach den Worten des Philosophen William James – wie Hunde in einer Bibliothek, die an den Büchern schnuppern, aber sie nicht lesen können.

Sind wir ein zufälliges Nebenprodukt der Materie, das sich geistlos auf einem verschwindend kleinen Staubkörnchen namens Planet Erde entwickelt hat? Welchen Sinn gibt es in einem sinnleeren Universum? Welche Vernunft in einer vernunftlosen Welt? Woher kommen Werte in einem rein materiellen Universum und Sinn in einer zufälligen Existenz? Wenn es keinen Gott gibt, sollten wir dann nicht mit Shakespeare zu dem Schluss kommen, dass das „Leben wie ein Märchen ist, das ein Irrer erzählt, voller Geräusche und Raserei, aber ohne jeden Sinn"?

Wie könnten wir jemals dem Nihilismus eines Friedrich Nietzsche, der Sinnleere eines Jean-Paul Sartre, der Verzweiflung eines Bertrand Russell, der Nichtigkeit eines Martin Heidegger oder dem Selbstmord eines Albert Camus entrinnen?

Das Nichtvorhandensein Gottes in der Realität ist das Nichtvorhandensein von Güte, Wahrheit, Bedeutung, Sinn, Vernunft, Leben und Freude. Viele unserer großen Denker sahen nur allzu deutlich ein, dass eine Ablehnung Gottes logischerweise die Ablehnung jeglicher Realität einbezieht, die Gott grundsätzlich innewohnt.

Zwar mag das Thema Gott oberflächlich betrachtet simpel erscheinen, doch ist es eine extrem tief schürfende Angelegenheit. Gott ist keine Nebensache, sondern ein bedeutender Faktor. Das Wesen Gottes an sich macht ein Herangehen erforderlich, das über das normale und kontingente[3] hinaus geht. Man sollte nicht versuchen, Gott so zu beweisen, wie man versucht, Äpfel und Atome zu beweisen. Die Wirklichkeit Gottes gehört zu einer Kategorie, die radikal übernatürlich ist – die über und jenseits der Natur ist. Gott ist transzendent. Man hüte sich vor dem kategorischen Fehler, Gott mit den Erscheinungsbildern gleichzusetzen, die er geschaffen hat.

Wenn Gott der Verursacher des Universums ist, muss er jenseits und größer sein als die physikalische Dimension. Daher entdecken wir vielleicht die Auswirkungen oder

Beweise Gottes im Universum, aber wir beobachten nicht notwendigerweise das Wesen Gottes innerhalb des Universums – und zwar aus dem einen Grund, dass er die Kategorien Raum, Zeit und Materie übersteigt. Der Skeptiker, der sagt: „Zeige mir deinen Gott!" und einen wissenschaftlichen Beweis verlangt, vereinfacht das Ganze extrem.

Die Geschichte von dem Mann, der angeln ging, veranschaulicht eine bedeutende Wahrheit. Jedes Mal, wenn er einen großen Fisch fing, warf er ihn gleich wieder zurück in den See, und jedes Mal, wenn er einen kleinen fing, behielt er ihn. Ein irritierter Beobachter, der sein seltsames Auswahlverfahren mit angesehen hatte, fragte ihn, was in aller Welt er da mache. Lächelnd erwiderte der Mann: „Meine Pfanne ist nicht einmal zwanzig Zentimeter groß – die größeren Fische würden also nicht hinein passen."

Das Problem ist, dass so mancher Gott schlicht ablehnt, weil Gott nicht in seine naturalistisch-philosophische Pfanne passen würde. In Wirklichkeit gibt es Realitäten, die über unser beschränktes Paradigma hinaus gehen, aber sie abzulehnen, weil sie nicht in unsere begrenzte wissenschaftliche Kategorie passen, würde uns zu einem armen metaphysischen Angler machen. Das Problem an unserer naturalistischen metaphysischen Bratpfanne ist, dass sie nicht groß genug ist für die ganze Realität.

Die Frage nach Gottes Existenz ist ein Dauerbrenner, der auf uns allen lastet und eine rationale Antwort erfordert. Durch das Leben zu gehen, ohne sich die elementaren Fragen zu stellen, heißt am Mittelpunkt der menschlichen Existenz vorbei zu zielen. *Der Sinn des Lebens ist, den Sinn für das Leben herauszufinden, und der*

> *Die mathematische Präzision des Universums offenbart den mathematischen Verstand Gottes.*
> Albert Einstein

9

Zweck des Daseins ist, den Zweck zu erkunden, für den es sich zu leben lohnt. Eine vernünftige Existenz ist nur möglich, wenn wir versuchen, unserem Leben und dem Universum einen Sinn zu geben. Bereits Sokrates merkte so klug an, „dass ein Leben ohne Prüfung für den Menschen nicht lebenswert sei".[4] Nachdenken kann uns zu einer Lösung hinführen. Auch der Philosoph greift dieses Thema auf: „Wenn wir uns weigern, über die Existenz Gottes zu diskutieren, umgehen wir das Schlüsselthema, nämlich das Thema Irrglauben."

Selbst der atheistische Philosoph J.L. Mackie aus Oxford stimmt zu, dass die Frage nach der Existenz Gottes nachdenkenswert ist: „Ich bin überzeugt, dass die Frage, ob es einen Gott gibt oder nicht, vernünftig erörtert werden kann und sollte, und zwar in dem Sinn, dass klare Antworten möglich sind."[5]

In seiner Schlussanalyse als thomistischer[6] Philosoph schreibt Edward Sillem: „Die Schlussfolgerung aus unseren Überlegungen zu dieser Frage hat die folgenschwersten Konsequenzen für die Ausrichtung unseres Denkens und unseres Alltags."

Wenn es einen Gott gibt, wird der allein passende Schlüssel zu unserer Existenz sein, ihn zu kennen. Diese Wahrheit wäre dann die größte Wahrheit für die Menschen. Im Gegensatz zu anderen Fragen hat die Frage nach Gott weltumspannende Bedeutung, denn sie berührt jeden Bereich unseres Daseins und stellt den Hauptgrund unseres Seins dar.

Da die Vorstellung von der Existenz Gottes das herausragendste Thema der Menschheit ist, verdient sie unsere höchste Aufmerksamkeit. Der Philosoph C. Stephen Evans meint: „Der Glaube an Gott passt übereinstimmend zu allem, was wir über uns selber und unser Universum wissen. Es steht zu keinen bekannten Tatsachen im Widerspruch und es verleiht vielem einen Sinn, was sich sonst nicht erklären ließe."

In dem interessanten Artikel „*Modernizing the Case for God*" berichtet die Zeitschrift *Time*: „In einer stillen Revolution von Gedanken und Argumenten, die noch vor zwei Jahrzehnten kaum jemand hätte vorhersehen können, erfährt Gott ein Comeback."

Vor einer Generation gab es in akademischen Kreisen nur wenige Intellektuelle, die logische Argumente für die Existenz Gottes vorbrachten, aber mittlerweile hat sich die Situation gewandelt. Die *Time* weiter: „Heute ist es für Philosophen schicklicher als noch vor einer Generation, über die Möglichkeit von Gottes Existenz zu reden."

Große Denker, die sich für die Existenz Gottes aussprechen, haben uns ein Vermächtnis an Argumenten hinterlassen, über die wir nachdenken können. Einige davon werden wir unter die Lupe nehmen. Diese Argumente wurden durch die jüngsten Entwicklungen der gegenwärtigen logischen, philosophischen Argumente und eine Reihe wissenschaftlicher Daten gestützt. Sie sind ein wertvoller Beitrag, um unser Vertrauen in die Wirklichkeit Gottes zu stützen.

Schlüssige kosmologische Beweise

Nach Meinung vieler christlicher Philosophen ist der kosmische Beweis eines der schlagkräftigsten Argumente für die Existenz Gottes. Das Vorhandensein des Universums ist eine unleugbare Realität. Die Tatsache der Existenz ist denn auch ein verblüffendes Geheimnis. Sophisten mögen die Realität des Universums leugnen, doch ein solcher Ansatz ist müßig, denn der Sophist muss existieren, um es zu leugnen; also ist es ein Widerspruch an sich. Ein einschlägiges Beispiel ist der Student an der Universität von

New York, der seinen Professor mit einer widersprüchlichen Frage aufwühlte: „Herr Professor, woher weiß ich, dass ich existiere?"

Der Professor hielt einen Augenblick inne, nahm die Brille ab, schaute seinen Studenten eingehend an und fragte: „Und was soll ich sagen, wer die Frage stellt?"

Die Vorstellung, dass Existenz eine Illusion ist, ist logisch unverständlich und faktisch bedeutungslos.

Die tiefgründigste philosophische Frage, die unter Philosophen schon zu vielen Debatten und Diskussionen geführt hat, lautet: „Warum gibt es etwas, das nicht Nichts ist?"

Die Realität des Universums erfordert ein Urteil. Kaum ein Philosoph, der diesen Namen verdient, hat nicht schon einmal über dieses Problem nachgegrübelt. Jeder denkende Mensch steht irgendwann einmal vor diesem Problem. Der Philosoph John Hick schreibt:

■■ *Wenn wir versuchen, über dieses unendlich faszinierende Universum, in dem wir leben, nachzudenken, erkennen wir, dass wir am Ende dem Geheimnis der Existenz, warum es überhaupt ein Universum gibt, gegenüberstehen.*

Der an der Universität London lehrende Philosoph und Theologe H.D. Lewis bemerkt: „Die Frage: ‚Warum gibt es etwas, das nicht Nichts ist?', wird sogar von manchen skeptischen Philosophen als bedeutend angesehen."

Diese Frage führte zu beachtlichen philosophischen Spekulationen des deutschen Philosophen Gottfried Wilhelm Leibniz, der zu folgendem Schluss gelangte: „Ist dieses Prinzip einmal gesetzt, so wird die erste Frage sein, die man berechtigt ist zu stellen: warum gibt es überhaupt etwas und nicht nichts?"[7]

Für den Existentialtheologen Paul Tillich ist das Rätsel aller Rätsel das Geheimnis, dass es überhaupt etwas gibt.

Die Frage des Seins ist, wie Martin Heidegger hervorhob, die wichtigste aller Fragen und verdient jede Energie unserer intellektuellen Bemühungen.

Die Schriften großer Denker wie Augustinus, Thomas von Aquin, Descartes, Hegel, Dostojewski, Martin Heidegger, Jean-Paul Sartre, Ludwig Wittgenstein, C.S. Lewis und anderer deuten darauf hin, dass die Frage nach der Existenz ernsthaften Nachdenkens wert ist. Nachdem Ludwig Wittgenstein über das Geheimnis der Existenz nachgedacht hatte, schrieb er: „Nicht *wie* die Welt ist, ist das Mystische, sondern *dass* sie ist."[8]

Angesichts seines philosophischen Formats ist dies eine bedeutende Äußerung. Seine Schlussfolgerung ist noch verwirrender: „Die Lösung des Rätsels des Lebens in Raum und Zeit liegt *außerhalb* von Raum und Zeit."[9] Nach Wittgenstein liegt die Antwort auf die Frage „Warum gibt es überhaupt etwas und nicht nichts?" nicht in dem Etwas, sondern jenseits des Etwas. In diesem Sinne vertritt Wittgenstein die Auffassung, die Tatsache des Existierens erfordert einen Grund für ihr Existieren, und die Zufälligkeit des Existierens erfordert ein nicht-zufallsbedingtes Sein, das die Ursache alles Zufälligen ist.

Der Philosoph David H. Freeman schreibt in seinem Hauptwerk *A Philosophical Study of Religion*: „Die Frage ist, ob sich die Welt einzig mit ihren eigenen Ausdrucksmöglichkeiten erklären lässt, d.h. ist die Welt selbst das Höchste, oder gibt es etwas, das nicht die Welt ist, zu dem die Welt in Beziehung steht?"

John Warwick Montgomery, der herausragende amerikanische Apologet, vertritt dieselbe Linie: „Nichts auf dieser Welt kann seine eigene Existenz erklären; es muss also einen Gott geben, um die Welt zu erklären, auf der wir uns befinden."

Daher ist die vernünftigste Option für den denkenden

Menschen in Bezug auf das Universum die Realität Gottes. Ohne Gott hat das Universum keinen Sinn.

Edward Sillem ist überzeugt: „Der Mensch kann die letztgültige Erklärung für sein eigenes Dasein nirgends finden außer in Gott selbst."

Das vertritt auch der Philosoph Fredrick Copleston: „Was wir die Welt nennen, ist an sich unverständlich, abgesehen von der Existenz Gottes."

Kein Wunder, dass Voltaire die nahe liegende Maxime nachbetete: „Wenn Gott nicht existierte, müsste man ihn erfinden."

Über das Universum schreibt der britische Theologe Colin Brown: „Müssen wir es als reines Zufallsprodukt betrachten und annehmen, alles geschieht zufällig ohne Sinn und Zweck?" Nein! Das wäre geistiger Selbstmord. Selbst so ein radikaler Skeptiker wie David Hume ließ die Schlagkraft dieses Arguments gelten und schrieb: „Ich habe niemals eine so absurde Behauptung aufgestellt wie die, dass irgendetwas ohne Ursache in Erscheinung treten könnte."

Das Gewicht des kosmologischen Arguments wird heute weiter gestärkt durch die Mehrheit der Wissenschaftler. Der Wissenschaftler Dr. Robert Gange liefert in seinem hervorragenden Buch *Origins and Destiny* (dt. etwa: ‚*Ursachen und Ziel*') umfassende wissenschaftliche Beweise für den Beginn des Universums. In der Vergangenheit glaubten die Wissenschaftler, dass der Erste Hauptsatz der Thermodynamik zu einer Universumtheorie eines „End- oder Beharrungszustands" führe: Dass das Universum und alles, was darinnen ist, schon immer in ein- und derselben Form existiert habe. Allerdings bemerkt

> **Ich bleibe bei meiner Überzeugung, dass eine Uhr einen Uhrmacher und ein Universum einen Gott beweist.**
> Voltaire

14

Dr. Gange: „Heute gibt es ein Problem mit dieser Vorstellung, *denn der Beginn des Universums ist tatsächlich gemessen worden.* Die Messung war zwar indirekt, belegt aber, dass es tatsächlich einen Beginn gab!"

Er veranschaulicht diese Messung, indem er sie damit vergleicht, dass jemand in einem anderen Zimmer einen Gewehrschuss abgibt. Wir begeben uns gleich darauf in dieses Zimmer und können noch den Rauch aus dem Gewehrlauf schweben sehen. Ähnlich bewegt sich derzeit der „Rauch" der Schöpfung (Urknall) durch das Universum. Dieser Rauch, die so genannte Hintergrundstrahlung des Universums, wurde von zwei Wissenschaftlern gemessen, die später den Nobelpreis erhielten. Ihre Entdeckung belegt, dass das Universum einen Beginn hat. Dr. Gange folgert:

■■■*Heute weiß man also, dass es mit der alten Vorstellung von einer schon immer existierenden Welt ein Problem gibt. Diese Messungen der von den Wissenschaftlern so bezeichneten Hintergrundstrahlung, die das Universum ausfüllt, sagen aus, dass die Welt nicht ewig ist, sondern einen Anfang hatte.*

Robert Jastrow, Leiter des Goddard Institute for Space Studies und Verfasser vieler bedeutender Studien zur Astronomie, kommt zu einem ähnlichen Schluss. In der *New York Times* stellt Jastrow die Frage: „Haben die Astronomen Gott gefunden?", und meint ja, oder dass sie zumindest ziemlich nah dran sind. Dr. Jastrow, der sich als Agnostiker bezeichnet, stellt dar, dass die Beweise der Astronomie belegen, dass das Universum zu einem ganz bestimmten Zeitpunkt einen Anfang hatte. Er schreibt: „Heute sehen wir, dass der astronomische Beweis zu einer biblischen Sicht vom Ursprung der Welt führt."

Und weiter: „Die Details unterscheiden sich, doch die

wesentlichen Elemente im astronomischen und im biblischen Schöpfungsbericht sind die selben: Die Ereigniskette, die bis zum Menschen führt, begann plötzlich und deutlich in einem ganz bestimmten Augenblick, in einem Licht- und Energieblitz."

Seine brillante Schlussfolgerung ist nachdenkenswert:

■■*Für den Naturwissenschaftler, der nach seinem verstandesgemäßen Glauben lebt, endet die Geschichte wie ein böser Traum. Er hat die Berge der Unwissenheit überwunden; er bezwingt gerade den höchsten Gipfel; er zieht sich an dem letzten Felsen hoch – und wird von einer ganzen Schar Theologen erwartet, die schon seit Jahrhunderten dort sitzen.*

Der Apostel Paulus wandte sich an die griechischen Philosophen seiner Zeit und vertrat die Auffassung, die Existenz des Universums berge gute und hinreichende Gründe, an die Existenz Gottes zu glauben:

■■*Er ist der Gott, der die Welt und alles, was in ihr ist, geschaffen hat. Dieser Herr des Himmels und der Erde wohnt nicht in Tempeln, die Menschen gebaut haben. Er braucht auch nicht den Opferdienst irgendeines Menschen. Er, der allen das Leben gibt und was zum Leben notwendig ist, ... durch ihn allein leben und existieren wir. So wie es einige eurer Dichter gesagt haben: ‚Wir sind seine Kinder'."* (Apostelgeschichte 17, 24.25.28)

Das Universum ist ein bemerkenswerter Beweis für einen unendlichen Schöpfer. Seine Existenz an sich ist Hinweis auf die Realität eines machtvollen Gottes. Der Psalmist erkannte diese Wahrheit, als er schrieb: „Der Himmel verkündet Gottes Größe und Hoheit, das Firmament bezeugt seine großen Schöpfungstaten. Ein Tag erzählt es dem nächsten, und eine Nacht sagt es der anderen" (Psalm 19,2-3).

„Das macht Sinn" – Zwingende teleologische Beweise

Das Wunder und die Schönheit unseres Universums versetzen den Betrachter in Erstaunen. In jedem Bereich beobachten wir zwingende Beweise für Gestaltung, Absicht, Schönheit, Vielfalt und Ordnung. Dieser überwältigende Beweis veranlasste Albert Einstein zu der viel sagenden Bemerkung: „Die Theorie liefert viel, aber dem Geheimnis des Alten bringt sie uns nicht näher. Jedenfalls bin ich überzeugt, dass der nicht würfelt."[10]

Astrophysiker erklären unseren Planeten für unglaublich einzigartig in Position, Funktion und Existenz. Er hat den richtigen Abstand zur Sonne, damit menschliches Leben bestehen kann. Wäre er näher dran, wäre es zu heiß, und weiter entfernt wäre es zu kalt. Wie es der Philosoph J.P. Moreland formuliert: „Bei der Entstehung des Universums musste das Gleichgewicht von Materie zu Antimaterie im Verhältnis eins zu einer Milliarde stimmen, damit sich das Universum überhaupt bilden konnte. Wäre es nur um ein Zehnmilliardstel größer gewesen, hätte kein Universum entstehen können."

Für viele Wissenschaftler bedeutet die Ordnung des Universums sowie seine Schönheit und Vielfalt ein Anlass zum Bewundern und Bestaunen. Der Wissenschaftstheoretiker Stanley L. Jaki bemerkt zu der Pracht unseres Universums: „Vom winzig Kleinen bis zum Riesengroßen passt alles hervorragend zusammen. Es ist eine übereinstimmende Einheit ohne schwächende Paradoxe. Es ist in wunderschöne Schichten oder Dimensionen gegliedert, wobei sich alle gegenseitig perfekt beeinflussen."

Selbst der Skeptiker David Hume, ein namhafter Kritiker der Beweise für die Existenz Gottes, war von der Beweiskraft so beeindruckt, dass er schrieb: „Ein Zweck, eine Absicht oder ein Plan fällt überall auch dem Nachlässigsten ins Auge, und niemand kann so verkrustet in absurden Systemen sein, um es für alle Zeiten zu leugnen."[11]

Sir Isaac Newton, einer der größten naturwissenschaftlichen Denker, wenn nicht der größte überhaupt, über dessen naturwissenschaftliche Errungenschaften man auch heute noch nur staunen kann, glaubte fest an den Beweis aus der Zweckmäßigkeit. Der Nachweis einer ausgeklügelten Ordnung und Komplexität im Universum bestätigte seinen Glauben an die Existenz eines intelligenten Gestalters: „Wenn ich das Sonnensystem betrachte, sehe ich die Erde in der richtigen Entfernung zur Sonne, um genau die richtige Menge an Wärme und Licht abzubekommen. Das war kein Zufall."

Der Beweis aus der Zweckmäßigkeit, gemeinhin auch als teleologischer Beweis bezeichnet, ist ein unter Philosophen sehr beliebter Beweis. Nach dem großen Philosophen Plato führen zwei Dinge die Menschen zum Glauben an Gott: der Beweis aus der Erfahrung der Seele und „aus der Ordnung der Bewegung der Sterne und aller vom Verstand beherrschter Dinge, die das Universum ordneten".

Selbst der große Logiker Aristoteles, der uns die Gesetze der Logik hinterließ und behauptete, die Philosophie beginne mit dem Gespür für Wunder, war vom Wunder des Kosmos beeindruckt. Die Erstklassigkeit dieses Arguments zeigt sich noch heute an seinem Einfluss auf zahlreiche Wissenschaftler unserer Zeit. Dieser Beweis, bemerkt der Philosoph William Craig, „ist der älteste und beliebteste aller Argumente für die Existenz Gottes". Der deutsche Philosoph Immanuel Kant schreibt dazu in seinem berühmten Buch *Kritik der reinen Vernunft*: „Dieser Beweis verdient jederzeit mit Achtung genannt zu werden."[12]

Der Beweis aus der Zweckmäßigkeit hat, wie der Philosoph J.P. Moreland richtig feststellt – trotz David Humes früherer Kritik – „in den vergangenen Jahren starke Unterstützung von der Astronomie, Physik und Biologie erhalten". Hervorragend verteidigt wird dieser Beweis von fähigen Denkern im Range eines Richard Taylor, F.R. Tennant, Richard Swinburne und A.E. Taylor. Im Laufe der Jahrhunderte haben große Denker wie Platon, Aristoteles, William Paley, Thomas von Aquin und andere darauf zurückgegriffen.

Bei der Konferenz „Christianity Challenges the University: An International Conference of Theists and Atheists" wurden Absolventen naturwissenschaftlicher Fächer befragt, welcher spezielle Beweis für ihre Bekehrung eine bedeutende Rolle gespielt hat. Ihre einhellige Antwort war: „Der unglaubliche Plan oder die Ordnung des Universums waren ein überwältigender Beweis für einen göttlichen Plan und die Existenz eines Göttlichen Planers."

„Das Prinzip des teleologischen Beweises", bemerkt Nobelpreisträger Sir Ernst Chain, „springt dem Biologen ins Auge, wohin er auch schaut."

Der international bekannte australische Kosmologe Paul Davies, Leiter des Bereichs Theoretische Physik an der Universität Adelaide, schreibt: „Man kann sich nur schwer dem Eindruck verschließen, dass die gegenwärtige, wie es scheint, einer auch nur geringfügigen Veränderung der Zahlenwerte gegenüber so empfindliche Struktur des Universums das Ergebnis ziemlich aufwendigen Nachdenkens ist ... Vielleicht ... muss das allem Anschein nach wunderbare Zusammentreffen nummerischer Werte, die die Natur ihren Grundkonstanten beigeordnet hat, der zwingendste Nachweis dafür bleiben, dass Planung in den Aufbau des Kosmos hineinspielt."[13]

Jüngste wissenschaftliche Beobachtungen liefern erhärtende Nachweise im Rahmen dessen, was die Naturwissenschaftler heute das „anthropische Prinzip" der Kosmologie nennen. Astrophysiker gehen davon aus, dass das Leben in unserem Universum nicht möglich wäre, wenn sich die frühen Bedingungen des Universums auch nur leicht verändert hätten. Das Universum wurde offenbar für das Leben entworfen. Mit anderen Worten: Es ist auf unsere Existenz „fein abgestimmt". Der brillante Naturwissenschaftler Stephen W. Hawking bemerkt: „Wäre die Expansionsrate eine Sekunde nach dem Urknall auch nur im Verhältnis eins zu Hunderttausend Millionen Millionen kleiner gewesen, wäre das Universum wieder kollabiert, bevor es auch nur die heutige Größe erreicht hätte."

Der Philosoph John Leslie meint, das anthropische Prinzip spricht ausgezeichnet für den Planungs-Beweis. In seinem Werk *The Probability of God* (dt. etwa: ‚*Die Wahrscheinlichkeit Gottes*') liefert Hugh Montefiore schlagende Beweise für ein geplantes Universum, einschließlich des anthropischen Prinzips. Er meint, Zufall und natürliche Auslese seien keine hinreichende Erklärung für die Lebenswirklichkeit. Gott sei, so Montefiore, „die bei weitem wahrscheinlichste Erklärung".

Denken Sie über folgende beliebte Analogie des Philosophen Richard Taylor von der Universität New York nach: Stellen Sie sich vor, Sie reisen mit der Bahn nach Wales und nähern sich Ihrem Ziel. Da sehen Sie die Worte „Willkommen in Wales"[14] mit weißen Steinen auf einen Hügel geschrieben. Wie hoch ist die Wahrscheinlichkeit, dass diese Steine von selber aus der Erde herauskommen, zufällig außen eine weiße Farbe annehmen und sich zufällig zu den Worten „Willkommen in Wales" zusammenrollen? In Wirklichkeit ist die Komplexität unseres Kosmos viel größer als der einfache Schriftzug „Willkommen in Wales". Es ist, mathematisch gesprochen, viel wahrscheinlicher, dass diese Steine durch blinden Zufall aus der Erde kommen, außen weiß werden, herunterrollen und die Worte „Willkommen in Wales" bilden, als dass die Evolution per Zufall die Komplexität zu Stande bringt, die wir im Universum beobachten.

Es ist wesentlich vernünftiger zu glauben, dass unser Universum das Produkt intelligenten Planens ist, als sich vorzustellen, es sei durch Zufall entstanden. Welcher Mensch, der seine Sinne beisammen hat, würde glauben, eine Explosion in einer Druckerei könnte den *Duden* hervorbringen? Der Zufall hat keine wirkliche Grundlage, überhaupt etwas hervorzubringen. Die Annahme, Zeit plus Materie plus Zufall könnten Intelligenz erzeugen, ist ein Mythos. Dinge kommen nicht durch Zufall zu Stande. Zufall als Idee ist bedeutungslos und wird weder rational noch faktisch gestützt, ist also logisch falsch. Zufall kann nicmals Verursacher von irgendetwas sein. Er ist weder ein Wesen, noch ist er etwas Seiendes, sondern er ist eine begriffliche Mehrdeutigkeit ohne wirkliche Existenz, kann daher also nichts hervorbringen. Selbst ein leidenschaftlicher Atheist wie Richard Dawkins räumt ein: „Je statistisch unwahrscheinlicher etwas ist, desto weniger können wir glauben, dass es aus blindem Zufall zu Stande kam. Oberflächlich betrachtet ist die offensichtliche Alternative zum Zufall ein intelligenter Schöpfer."

Der Philosoph Norman Geisler[15] kommt zu dem Schluss: „Es mag rein theoretisch den Zufall geben, dass Regen und Winderosion die Antlitze von vier amerikanischen Präsidenten in einen Berg ritzen konnten, doch wesentlich vernünftiger ist die Annahme, dass ein intelligenter Steinhauer den Mount Rushmore schuf."

Der Theologe Clark Pinnock schreibt: „Die angepasste Harmonie, die wir in der Welt sehen, soll uns ein Signal für die Existenz eines Schöpfers sein."[16]

Zwar haben Kritiker häufig zu Felde geführt, der teleologische Beweis sei von Kant und Hume schlüssig widerlegt worden, doch zeigt eine eingehende Betrachtung der Beweise das Gegenteil. Philosophen vom Kaliber eines Thomas Reid, F.R. Tennant, A.E. Taylor, Stewart Hackett, Frederick Coplestone, Charles H. Malik, Hugo Meynell und andere haben Humes Skeptizismus überzeugend pariert. Man sollte hier auch einmal anmerken, dass Hume und Kant nicht unvoreingenommen und objektiv die Dinge betrachteten. Ihre Einwendungen basierten oft auf Systemen, die von vielen heutigen Philosophen allgemein widerlegt und abgelehnt werden. Wie der Philosoph Charles H. Malik bemerkt: „Hume und Kant leiteten ihren Skeptizismus und Kritizismus nicht von ihren rationalen Untersuchungen ab", sondern von philosophischen Voraussetzungen, die höchst fragwürdig sind und die, würde man sie akzeptieren, ihre eigenen philosophischen Schlussfolgerungen unterhöhlen würden; außerdem gehen nur wenige andere Philosophen von denselben Voraussetzungen aus.

Man beachte außerdem, dass Hume zwar oft als Skeptiker angesehen wird, sein Kommentar zu den berühmten *Dialogen*[17] allerdings etwas anderes vermuten lässt. Philo ist der Skeptiker, Demea der Pantheist und Cleanthes ein Theist, der sich für den teleologischen Beweis ausspricht. Hume gibt sein eigenes Urteil zu dieser Sache ab: „Ich bekenne, dass ich nach eingehender Betrachtung des Ganzen nicht anders kann als zu glauben, Philos Prinzipien sind wahrscheinlicher als Demeas; aber die des Cleanthes kommen der Wahrheit am nächsten." Der Beweis von Planung im Universum bietet reichlich Anlass, von der Existenz eines intelligenten Schöpfers auszugehen.

Nach der Rückkehr von seinem unvergesslichen Flug um den Mond mit der Apollo 8 wurde der Astronaut Frank

Borman von einem Reporter interviewt. Der Reporter betonte, dass der sowjetische Kosmonaut, der kurz zuvor von einem Weltraumflug zurückgekehrt war, gesagt hatte, er habe auf seinem Flug keinen Gott oder Engel gesehen. „Haben Sie Gott gesehen?", fragte der Reporter. Auf diese komplexe Frage gab Frank Bormann eine hervorragende Antwort: „Nein, auch ich habe ihn nicht gesehen, aber ich sah seine Beweise."

David sagt ganz richtig: „Vor langer Zeit hast du, Herr, alles geschaffen. Die Erde und die Himmel, alles ist das Werk deiner Hände" (Psalm 102,26).

Tief im Herzen verborgen – Der moralische Beweis

Ein zwingender Beweis, der für die Existenz Gottes spricht, ist unsere moralische Erfahrung. Moralität ist ein wesentlicher Teil unserer menschlichen Beschaffenheit. In der Schlussfolgerung seines berühmten Werks *Kritik der praktischen Vernunft* führte Immanuel Kant einen neuen Beweis für die Existenz Gottes ein, den so genannten „moralischen Beweis". Kant erläutert: „Zwei Dinge erfüllen das Gemüt mit immer neuer und zunehmender Bewunderung und Ehrfurcht ... der bestirnte Himmel über mir und das moralische Gesetz in mir."[18]

Platon betonte schon vor Kant, dass die Vorstellung von Güte nur sinnvoll ist in Verbindung zu einem größeren oder höchsten Guten.

Wenn Gott existiert, wäre es natürlich zu erwarten, dass seine Geschöpfe moralische Überzeugungen haben. Kein menschliches Dasein ist möglich, ohne sich an moralische Werte zu verschreiben. Jeden Tag bekommen wir mit, wie sich Politiker, Ärzte, Juristen, Psychologen, Richter, Soziologen, Verleger, Polizisten und Bürger für Gerechtigkeit,

Fairness, Gleichheit, Toleranz, Aufrichtigkeit, Verantwortlichkeit, Pflicht, Zuverlässigkeit, Bürgerrechte, Menschenrechte, Frauenrechte etc. aussprechen. Wir halten es für richtig, alle Menschen rechtlich gleich zu behandeln. Wir verurteilen Rassismus, Vergewaltigung, Gewalt, Kindesmissbrauch, Krieg, Bestechung, Mord, Verrat, Treuebruch, Abtreibung und anderes Verhalten als schlecht und falsch. Die Wirklichkeit unserer moralischen Verpflichtung und unseres Gewissens ist nicht zu übersehen: Wir leben in einem moralischen Universum.

Jeder beruft sich auf ein moralisches Gesetz, nach dem er oder sie moralische Bewertungen abgibt. Unsere moralischen Normen bilden die Grundlage für unser Denken und Verhalten. Doch was ist mit den Relativisten, die darauf bestehen, es gebe keine Absolute und alles sei relativ?

Wer absolute moralische Gesetze ablehnt und sich für Relativismus ausspricht, verbreitet einen Glauben, der logisch widersprüchlich in sich selbst, subjektiv und willkürlich ist. Das Ablehnen von Absoluten ist der Tod von Moral. Der Einzelne wird moralisch gelähmt und unfähig, zwischen gut und böse, richtig und falsch zu unterscheiden. Die Behauptung, es gebe nichts Absolutes, ist eigentlich eine absolute Haltung. Es ist ein Widerspruch in sich selbst, wenn jemand sagt: „Ich bin mir absolut sicher, dass es keine Absolute gibt!"

Sie hebt keine Absolute auf, sondern setzt sich verführerisch selbst als Leitprinzip ein. Wie die Aussagen: Es gibt keine Regeln; Traue keiner Autorität; Alles ist relativ; Aller Glaube ist falsch.

Jede Behauptung wird selbst zum Absolutum – was der Betreffende natürlich zu leugnen sucht. Es widerlegt sich also nicht nur selbst, sondern ist willkürlich und bedeutungslos. Diese Denkweise spiegelt sich in dem griechischen Sprichwort wider: „Jede Behauptung ist eine Lüge!", sowie im Aphorismus des Zen Buddhismus: „Alle Behauptungen sind absurd!"

Moralische Absolute abzulehnen bedeutet im Wesentlichen zu behaupten, es gebe keinen wirklichen Unterschied zwischen Mutter Teresa und Hitler.

Relativismus mag oberflächlich betrachtet beeindrucken, doch ist er philosophisch falsch. Er ist logisch widersprüchlich, moralisch unangebracht und existenziell unerträglich.

Es gibt eine wahre Geschichte von einem Philosophiestudenten, der eine Ethik-Arbeit schrieb und behauptete, es gebe keine Absolute und alles sei relativ. Nach der Recherche, der Darstellungsweise und dem Forschungsaufwand hätte die Arbeit eine „1" verdient. Der Professor bewertete sie allerdings mit einer „6" und erläuterte dazu, „Ich mag keine blauen Umschläge!"

Als der Student seine Arbeit zurück bekam, war er so aufgebracht, dass er in das Büro seines Professors stürmte und protestierte: „Das ist nicht fair! Das ist nicht gerecht! Ich sollte nicht nach der Umschlagfarbe, sondern nach dem Inhalt meiner Arbeit beurteilt werden."

Der Professor schaute den Studenten an und fragte: „War das nicht die Arbeit, in der es hieß, es gebe keine objektiven moralischen Prinzipien wie Fairness und Gerechtigkeit und alles ist nach eigenem Belieben relativ?"

„Ja! Ja! Natürlich, das ist sie", erwiderte der Student.

„Na dann", sagte der Professor, „bleibt es bei der 6. Ich mag eben keine blauen Umschläge!" Plötzlich verstand der junge Mann, dass moralische Absolute unausweichlich sind, dass er eigentlich an moralische Prinzipien wie Fairness und Gerechtigkeit glaubte und dass er außerdem erwartete, dass sie auf seinen Fall angewendet würden.

Der Cambridge-Absolvent C.S. Lewis schreibt: „Wenn keine moralischen Vorstellungen richtiger oder besser wären als andere, hätte es keinen Sinn, eine zivilisierte Moralität einer wilden vorzuziehen oder christliche Moralvorstellungen denen der Nazis."

Weiter sagt er:

■■*In dem Moment, wo jemand sagt, die einen Moralvorstellungen seien besser als andere, misst man sie eigentlich beide an einer Norm und sagt, die einen entsprechen dieser Norm eher als die anderen.*

Die Realität dieses allgemein gültigen Gesetzes ist durchaus Teil unserer menschlichen Beschaffenheit. Wir sind nicht bloß mechanische Wesen. Unsere moralischen Überzeugungen sind bedeutend für unsere Existenz; ohne sie würden wir uns kaum als menschlich qualifizieren, wie Henry M. Morris schlicht erklärt:

■■*Jeder Mensch, so rückständig er auch sein mag, erkennt etwas in sich, das ihm sagt, er solle das tun, was moralisch richtig ist, und das Falsche von sich fern halten – selbst wenn die individuellen Normen, was Richtig und Falsch ausmacht, je nach Zeit und Ort etwas unterschiedlich zu sein scheinen.*

Eine interessante Begebenheit an einer Universität im Osten der USA veranschaulicht auf bemerkenswerte Weise diese Wahrheit. Ein Professor klärte seine Studenten vor ihrem Examen darüber auf, dass sie jeweils einen Platz zwischen sich frei lassen sollten, um der Versuchung keinen Raum zu geben, „wie es schon in der Heiligen Schrift heißt".

„Und wenn wir nicht an die Bibel glauben?", fragte ein Student.

„Dann lassen Sie zwei Plätze frei", entgegnete der Professor. Punkt für ihn. Ohne moralische Grundsätze ist das Leben nicht zu meistern.

Sind unsere moralischen Werte lediglich soziologische

Konventionen, so wie Autofahren auf der linken oder der rechten Fahrbahnseite, oder wie subjektive Ausdrucksweisen, die wir annehmen, wenn wir in einem Restaurant Essen bestellen?

Wenn Moralität bloß gleichzusetzen ist mit sozialen Konventionen, ist sie nicht objektiv oder absolut. Dann hieße die logische Frage: Warum soll man die subjektiven Auffassungen der Gesellschaft befolgen? Warum sollte jemand zum Wohle eines anderen auf etwas verzichten? Was, wenn die Gesellschaft Kannibalismus, rituelle Menschenopfer oder Rassismus befürwortet? Sitten können nicht die Grundlage für Instinkt sein, denn es gibt ein Gesetz in uns, das zwischen unseren Instinkten und dem, was wir beschließen zu befolgen, urteilt. Der Philosoph C. Stephen Evans schreibt: „Moralität ist nicht einfach ein Naturgesetz wie das Gesetz der Schwerkraft. Sie beschreibt nicht, wie die Dinge in der Natur funktionieren, sondern wie das menschliche Verhalten weitergehen sollte."

Das moralische Gesetz ist kein beschreibendes „Ist" (Zustand des Seins), sondern ein vorschreibendes „Soll" (etwas, das wir tun sollten). Es ist nicht physikalisch, sondern metaphysisch. Moralphilosophen haben richtigerweise beschrieben, dass sich das vorschreibende „Soll" niemals von einem beschreibenden „Ist" ableiten lässt. Der brillante Philosoph Ludwig Wittgenstein hob hervor, dass die Grundlage für Moralität und Ethik von außerhalb der menschlichen Lebensumstände kommt. „Die Ethik ist, sofern sie überhaupt etwas ist", schrieb er, „übernatürlich."[19]

Im Wesentlichen ist Moralität transzendent, also die Grenzen der Erfahrung und der sinnlichen Wahrnehmung überschreitend. Wenn unser Universum für die Realität eines moralischen Gesetzes spricht und wir Geschöpfe mit moralischen Fähigkeiten sind, dann ist die Vermutung nur logisch, dass Gott als moralisch Seiendes existieren muss, das Gerechtigkeit gewährleisten kann. Die Sicht des englischen idealistischen Philosophen Hasting Rashdall zu diesem Problem ist bemerkenswert. Er folgert logisch:

> ■■*Ein moralisches Ideal kann an keinem Ort und in keiner Weise existieren als in einem Verstand; ein absolutes moralisches Ideal kann nur in einem Verstand existieren, von dem alle Realität hergeleitet wird. Unser moralisches Ideal kann nur insofern objektive Gültigkeit für sich beanspruchen, als es rational als die Offenbarung eines moralischen Ideal betrachtet werden kann, die im Verstand Gottes ewig besteht.*

Wenn das moralische Gesetz nicht von Gott kommt, muss man daraus schließen, dass es sich aus nicht-moralischer Materie entwickelt hat. Doch die Vorstellung von einer sich entwickelnden Moralität ist eine bloße Tautologie[20]. Moralität kann sich nicht einfach entwickeln oder verändern. Die Vorstellungen der Menschen von Moralität mögen sich ändern, doch Moralität selbst ist unveränderlich; wie die Gesetze der Logik und Mathematik ist es das Gesetz der Realität. Etwas ist entweder falsch oder richtig, gut oder böse. Es ist niemals richtig, einen unschuldigen Menschen zu töten. Es ist immer falsch, ein Kind zu missbrauchen, ob heute oder in zwanzig Jahren.

Es ist unvernünftig, wie die Dame zu argumentieren, von der C.S. Lewis einmal schrieb: „Es macht mir nichts aus, wenn das Brot in unserer Stadt knapp wird – bei uns zu Hause essen wir sowieso nur Toast."

Ebenso irrational ist es zu glauben, wir könnten ein objektives Moralgesetz haben ohne einen objektiven Moral-Gesetzgeber. Wenn es keinen Gott gibt, gibt es keinen logischen Grund für unsere Moralität. Der humanistische Philosoph Paul Kurtz argumentiert treffend:

„Die zentrale Frage über Prinzipien der Moral und Ethik betrifft ihre ontologische[21] Grundlage. Wenn sie weder von Gott abgeleitet sind noch in irgendeinem transzendenten Grund wurzeln, sind sie dann rein kurzlebiger Natur?"[22]

Kurtz räumt ein, wenn Ethik nicht theistisch ist, ist sie vergänglich, kurzlebig und vorübergehend. Die Ablehnung Gottes beinhaltet logischerweise die Aufhebung absoluter Moralität. Richard Taylor, ein hervorragender Ethiker aus New York, meint: „Die heutige Zeit hat zwar die Vorstellung von einem göttlichen Gesetzgeber mehr oder weniger verworfen, aber trotzdem versucht, die Vorstellungen von moralisch Richtigem und Falschem beizubehalten, und dabei nicht bemerkt, dass sie, wenn sie Gott beiseite schiebt, ebenso die Bedingungen für die Bedeutung des moralisch Richtigen und Falschen abgeschafft hat."

Dieses Argument zielt darauf, dass unsere moralische Erfahrung auf einen transzendenten Gott hinweist, der Urgrund und Quelle unserer Moralität ist. Wenn dies nicht der Fall ist, ist die Alternative verheerend, wie der britische Theologe D.M. Baillie richtig feststellt: „Entweder verraten unsere moralischen Werte etwas über Wesen und Zweck von Realität, ... oder sie sind subjektiv und daher bedeutungslos."

Diese Folgerung ist logisch begründet. Wenn unsere Moralität nicht in Gott begründet ist, dann ist sie hoffnungslos subjektiv. Aber moralische Werte als bedeutungslos abzulehnen, ist logisch unmöglich und existenziell unangebracht.

> *„Wenn wir versuchen, über dieses unendlich faszinierende Universum nachzudenken, in dem wir leben, erkennen wir, dass wir am Ende mit dem Geheimnis der Existenz konfrontiert werden, damit, warum es überhaupt ein Universum gibt."*
> John Hick, Philosoph

Wer argumentiert, Moralität sei bloß beschreibend und nicht vorschreibend, hat das Wesentliche nicht begriffen. Wenn Moralität lediglich etwas ist, das Menschen erfunden haben, ist unser moralisches Verhalten schlicht willkürlich und hat keinen grundlegenden Sinn, Bedeutung oder Wert. Nur wenige können ausgehend von dieser Annahme sinnvoll und unbeirrbar leben.

Ein typisches Beispiel ist der französische atheistische Existenzialist Jean-Paul Sartre, der Moralität als sinnlos abtat, auf dieser Grundlage jedoch selbst nicht leben konnte. Er sagte: „Wenn wiederum Gott nicht existiert, so finden wir uns keinen Werten, keinen Geboten gegenüber, die unser Betragen rechtfertigen. So haben wir weder hinter uns noch vor uns, im Lichtreich der Werte, Rechtfertigungen oder Entschuldigungen. Wir sind allein, ohne Entschuldigungen."[23]

Nachdem er die Objektivität von Moralität geleugnet hat, handelte Sartre gegen seine eigene Sichtweise, indem er das Algerische Manifest unterzeichnete, das erklärte, dass der Algerienkrieg falsch war. Mit anderen Worten: Sartre konnte mit seinem atheistischen Materialismus nicht leben. Wenn es ein objektives Moralgesetz gibt, muss es einen moralischen Gesetzgeber geben. Wie es David Elton Trueblood formuliert: „Die Anerkennung eines objektiven moralischen Gesetzes treibt uns in den Glauben an Gott."

Unsere moralische Realität enthält einen entscheidenden Hinweis auf die Bedeutung des Universums. In den Worten des berühmten New Yorker Professors Peter Berger sind unsere moralischen Faktoren *„Zeichen der Transzendenz* ... Und ich behaupte, dass es *prototypisch menschliches Verhalten* gibt ... Zeichen der Transzendenz nenne ich Phänomene der ‚natürlichen' Wirklichkeit, die über diese hinauszuweisen scheinen"[24].

In seinem Schreiben an die Christen in Rom bekräftigt der Apostel Paulus die Realität des moralischen Beweises: „Durch ihr Handeln beweisen sie, dass Gott ihnen seinen Willen in ihre Herzen geschrieben hat, denn ihr Gewissen und ihre Gedanken klagen sie entweder an oder sprechen sie frei" (Römer 2,15).

Kommt man an Jesus vorbei? – Der christologische Beweis

Einige zeitgenössische Wissenschaftler betonen, einer der größten Beweise für die Existenz Gottes sei die Realität Jesu Christi. Im Leben und Handeln Jesu entdecken wir etwas unglaublich Bemerkenswertes. Nachdem der geachtete theoretische Physiker John Polkinghorne, ein früherer Kollege von Stephen Hawking und ein auf seinem Gebiet brillanter Gelehrter, sich den Christusbeweis angeschaut hatte, bemerkte er: „Der Grund, warum ich mich zu der Christengemeinschaft bekenne, sind ganz bestimmte Ereignisse, die vor fast zweitausend Jahren in Palästina stattfanden."

Der christologische Beweis lässt sich nicht einfach als religiöse Erfindung abtun. Das käme einer Vorverurteilung gleich. Vernünftig heranzugehen hieße, die Fakten zu untersuchen, den Beweis abzuwägen, ein paar schwierige Fragen zu stellen, um dann im Licht eines existierenden Beweises zu einem vernünftigen Schluss zu kommen. Eine Reihe Intellektueller, darunter Frank Morison, C.S. Lewis, John Warwick Montgomery, Josh McDowell und Simon Greenleaf sind auf diese Weise herangegangen und wurden von dem Beweis überrascht.

Der französische Philosoph Rousseau schreibt: „Ja, wenn Leben und Tod des Sokrates die eines Philosophen sind, dann sind Leben und Tod von Jesus Christus die eines Gottes."

Wenn wir uns diesem Beweis nähern, sollten wir im Auge behalten, dass wir uns vom Idealen zum Realen, vom Abstrakten zum Konkreten, vom Unsichtbaren zum Sichtbaren hin bewegen. Es ist absolut unmöglich, Jesus unabhängig von der Tatsache zu erklären, dass er von Gott kam.

Der amerikanische Theologe Loraine Boettner drückt das treffend aus:

> ■■*Nichts ist klarer, als dass Christus nicht durch irgendein humanistisches System zu erklären ist. Er passt in keine Theorie von natürlicher Evolution, denn in diesem Fall hätte die perfekte Blüte der Menschheit am Ende der Menschheitsgeschichte auftauchen sollen und nicht in ihrer Mitte.*

Nach Arnold Toynbee, dem berühmten englischen Historiker, „wird Jesus Christus auch noch in zwei-, dreitausend Jahren für die Menschheit von Bedeutung sein". Jesus Christus ist eine historische Tatsache. Ihn zu ignorieren hieße, die Geschichte zu ignorieren. In seinem bekannten Buch *The Outline of History* macht der Oxforder Historiker H.G. Wells die Anmerkung: „Hier ist ein Mensch. Dieser Teil der Geschichte konnte nicht erfunden sein."

Und wir können uns der Logik des heiligen Anselm nicht entziehen: „Jesus ist entweder Gott, oder er ist nicht gut."

Auf derselben Schiene argumentiert auch C.S. Lewis:

> ■■*Der Widerspruch zwischen der Tiefe, der Gesundheit sowie dem ... Scharfsinn Seiner Morallehre und dem wuchernden Größenwahn, der hinter Seiner theologischen Lehre liegen müsste, solange Er nicht wirklich Gott ist, ist noch niemals zufriedenstellend überbrückt worden. Und deshalb folgen die nicht-christlichen Hypothesen einander mit der rastlosen Fruchtbarkeit der Bestürzung.* [25]

Nach dem biblischen Beweis beansprucht Christus für sich, der Sohn Gottes zu sein, Gott in Menschengestalt, gleich wie Gott, ohne Sünde wie Gott, ausgestattet mit der Vollmacht, Sünden zu vergeben, ewiges Leben zuzusprechen, der Anbetung wert und die Wahrheit zu sein. John Warwick Montgomery meint: „Vielleicht mögen wir den Jesus der historischen Urkunden nicht; aber ob wir ihn mögen oder nicht, dort begegnen wir ihm als dem göttlichen Wesen, von dem unser persönliches Schicksal abhängt."

Die Ansprüche Christi sind einzigartig im Vergleich zu den Ansprüchen aller anderer Religionsstifter der Erde. Mohammed nahm nie für sich in Anspruch, Gott zu sein; Buddha verharrte bei der Frage nach Gott in Schweigen; Konfuzius lehnte es ab, über die Vorstellung Gottes zu diskutieren; Mose beanspruchte lediglich, der Prophet Gottes zu sein. Nur Jesus beanspruchte, der Mensch gewordene Gott zu sein.

Betrachtet man die Ansprüche Christi, gibt es zahlreiche nachdenkenswerte Punkte:

∑ Erstens stimmen seine Ansprüche mit seinem Leben überein.

∑ Zweitens stimmen seine Ansprüche mit der gesamten Offenbarung Gottes überein – im Allgemeinen und im Besonderen (schriftlich niedergelegt).

∑ Drittens stimmen seine Ansprüche mit der Lebensrealität des Menschen überein.

∑ Viertens stimmen seine Ansprüche mit unserer religiösen Erfahrung überein.

∑ Fünftens stimmen seine Ansprüche mit seiner Auferstehung überein.

Wenn wir Christi Ansprüche zurückweisen, wie können wir dann seine Auferstehung erklären? Einer der Biografen

Christi schreibt: „Diesen Männern hat er sich auch nach seinem Leiden und Sterben gezeigt und damit bewiesen, dass er tatsächlich auferstanden ist. Vierzig Tage lang sahen sie ihn, und er sprach mit ihnen über das Reich Gottes" (Apostelgeschichte 1,3). Der Apostel Paulus enthüllte in seinem Brief an die Römer eine bedeutende Wahrheit über Christus. Er meint, „dass er aber auch Gottes Sohn ist, dem alle Macht gegeben wurde, beweist seine Auferstehung von den Toten" (Römer 1,4).

Die Auferstehung Christi veranschaulicht auf bemerkenswerte Weise die Gottheit Christi. Im Grunde genommen ist die Auferstehung der Grundstein zum Christentum. Ohne sie hat die Christenheit keinen Grund zum Glauben. Die entscheidende Frage ist: „Fand die Auferstehung wirklich statt?" Daraus lässt sich folgerichtig schließen: Wenn es die Auferstehung gab, ist Jesus Christus die bei weitem wichtigste Persönlichkeit der Geschichte. Drei große Beweise gibt es, die für die Historizität der Auferstehung sprechen.

1. Die Sache mit dem leeren Grab

Ein bedeutender Beweis für die Auferstehung ist das leere Grab. Die Jünger Jesu merkten, dass das Grab nach der Auferstehung leer war. Die Evangelien bestätigen, dass mindestens fünf Nachfolger Jesu das leere Grab sahen: Maria Magdalena (Matthäus 28,1-10); Maria (Mutter des Jakobus) und Salome (Markus 16,1-8); Petrus und Johannes (Johannes 20,2-8). Auch die römischen Wachen sahen das leere Grab (Matthäus 28,2.11-15). Die Juden haben sie nie geleugnet und Petrus verkündete die Auferstehung 3.000 Menschen, die sie hätten widerlegen können. Es ist schwierig, den Beweis für das leere Grab abzutun.

Nach D.H. Van Daalen „ist es extrem schwierig, auf historischer Grundlage etwas gegen das leere Grab vorzubringen; die es leugnen, tun dies auf Grund theologischer oder philosophischer Annahmen". Zahlreiche angesehene Akademiker stimmen dem Beweis für das leere Grab zu. J.A.T. Robinson legt dar: „Die derzeitige mythologische Sichtweise schafft es nicht, dem Beweis der Schrift gerecht zu werden. Viele werden es denn auch weiterhin einfacher finden zu glauben, dass das leere Grab den Glauben der Jünger hervorbrachte, als dass der Glaube der Jünger das leere Grab hervorbrachte."

2. Vision oder Wirklichkeit: Der auferstandene Christus

Lukas schreibt: „Diesen Männern hat er sich auch nach seinem Leiden und Sterben gezeigt und damit bewiesen, dass er tatsächlich auferstanden ist. Vierzig Tage lang sahen sie ihn, und er sprach mit ihnen über das Reich Gottes" (Apostelgeschichte 1,3). Der Glaube an die Auferstehung gründet sich nicht einfach auf das leere Grab, sondern mehr noch auf die lebendige Begegnung mit dem auferstandenen Herrn. Die Jünger Christi hielten an ihrer bemerkenswerten Behauptung fest, sie hätten den lebenden Christus gesehen, selbst unter Verfolgung, Folter und Tod. Wir können die Auferstehungserfahrung nicht als Vision oder Halluzination abtun, denn damit ließe sich die revolutionäre Umwandlung der Jünger nur unzureichend erklären. Diese bedeutende Tatsache spricht ein gewichtiges Wort für die Auferstehung. Ihr übereinstimmendes Zeugnis ist durchschlagender Beweis, dass ihre Botschaft vertrauenswürdig ist.

Zahlreiche Aussagen belegen, dass Einzelne und Gruppen Jesus bei unterschiedlichen Gelegenheiten lebend nach seinem Tod gesehen haben. Das Neue Testament zählt unabhängig voneinander elf Erscheinungen Christi nach seiner Auferstehung auf. Er erschien: Maria Magdalena (Johannes 20,11); Maria Magdalena und der anderen Maria (Matthäus 28,1); Petrus (Lukas 24,34); den zwei Jüngern (Lukas 24,13-32); den elf Aposteln (Lukas 24,33); Thomas und den anderen Aposteln (Johannes 20,26-29); den sieben Aposteln (Johannes 21); allen Aposteln (Matthäus 28,16-20; Apostelgeschichte 1,4-9); den 500 Brüdern (1. Korinther 15,6); Jakobus (1. Korinther 15,7); und Paulus (1. Korinther 15,8). Dr. Yandall Woodfin bemerkt dazu:

■■*Wenn die ersten Jünger die Geschichten erfunden hätten, hätten sie außer Verfolgung von außen und einem lebenslangen Kampf gegen die Schuld nicht viel gewonnen. Vernünftiger scheint eher die Vorstellung, dass Heuchler keine guten Märtyrer werden und dass die Auferstehung tatsächlich passierte.*

Wenn wir das Zeugnis der Jünger ablehnen, müssen wir uns der Frage stellen, warum sie hätten lügen sollen und was sie durch lügenhafte Darstellung des Ereignisses gewonnen hätten. Das wäre allerdings ein größeres Wunder.

3. Auf Sand gebaut oder fest gegründet? – Der Ursprung des christlichen Glaubens

Der Ursprung der Kirche belegt die Auferstehung. Wodurch kam die Kirche zu Stande? Warum und wie wurde die Kirche ins Leben gerufen? Was überzeugte die ersten jüdischen Gläubigen so sehr, dass sie ihren Glauben auf Jesus setzten? Die Gelehrten sind sich einig, dass das Christentum entstand, weil die Jünger glaubten, Gott habe

Jesus von den Toten auferweckt. In Jerusalem passierte so etwas Dramatisches, dass es die ganze Menschheitsgeschichte veränderte. Was veranlasste die Jünger, an die Auferstehung zu glauben und sie zu predigen? Es war die Tatsache der Auferstehung (Apostelgeschichte 2,32.36; 13,26-39; 17,22-34; Römer 1,4; 14,9; 1. Thessalonicher 4,14). Der Apostel Paulus stellt ganz klar fest: „Wäre aber Christus nicht auferstanden, so hätte unsere ganze Predigt keinen Sinn, und euer Glaube wäre völlig wertlos" (1. Korinther 15,14).

Ist die Auferstehung nicht wahr, gibt es kein ewiges Leben, und alle, die an Christus glauben, sind eigentlich verloren. Den Beweis der Auferstehung zu leugnen würde viel größeren Glauben erfordern als daran zu glauben. Jenseits der Auferstehung gibt es keine logische Erklärung für die Entstehung der christlichen Kirche. Passende Antworten auf die Einwände gegen die Auferstehung gaben nicht zuletzt Wissenschaftler wie Charles Anderson, Klaus Bockmühl, Raymond Brown, William Lane Craig, James D.G. Dunn, F.X. Durrwell, M. Green, Gary Habermas, Murray Harris, G.E. Ladd, F. Morison, James Orr, Grant Osborne, Wolfhart Pannenberg, Jürgen Spiess, Carsten-Peter Thiede und andere.

Professor C.F.D. Moule von der Universität Cambridge verweist darauf, dass der Ursprung des Christentums „ein ungelöstes Rätsel für jeden Historiker bleiben muss, der sich weigert, die einzige Erklärung ernst zu nehmen, die die Kirche selbst anbietet". Nach Professor Moule kann nichts – bis auf die Auferstehung – den Ursprung des Christentums angemessen erklären. Wenn die Auferstehung wahr ist, brauchen wir über den Sinn des Lebens nicht zu spekulieren. Wir haben etwas Konkretes, worauf wir unser Vertrauen und Hoffen gründen können. Mit der Auferstehung Christi hat Gott der Welt bewiesen, dass es einen Sinn für das Leben und letzte Hoffnung für unser Dasein jenseits des Grabes gibt. Die Auferstehung belegt, dass Gott kein kosmischer Angestellter auf Fernreisen ist, sondern ein gnädiger, liebender Vater, der voller Zuneigung sein verlorenes Volk sucht.

Thomas Arnold, der einen Lehrstuhl für Neuere Geschichte an der Universität Oxford innehatte und vor allem durch sein dreibändiges Werk *History of Rome* bekannt wurde, schreibt:

■■*Ich weiß von keinem Tatbestand in der Menschheitsgeschichte, der – nach dem Verständnis eines fairen Nachforschers – durch bessere und umfangreichere Beweise jeglicher Art belegt wäre, als das große Zeichen von Gott, dass Christus starb und von den Toten auferstand.*

Es wurde nie eine Theorie aufgestellt, die nach sorgfältiger Prüfung aller Beweise die Wirklichkeit der Auferstehung logisch widerlegen könnte.

Alle obigen Beweise bestätigen, dass es Gott wirklich gibt und dass es genügend Beweise für einen Menschen gibt, der glauben will, aber keinen für den, der sich weigert zu glauben. Sehr treffend folgert Blaise Pascal: „Der Beweis für die Existenz Gottes und sein Geschenk sind mehr als zwingend, aber wer daran festhält, dass er ihn nicht braucht, wird immer Wege finden, das Angebot abzuschlagen."

Eine Lehrerin ließ ihre Schüler einmal ein Bild malen. Fast alle Darstellungen hatten menschliche Züge, bis auf die eines Jungen namens Tommy.

„Was ist das denn?", fragte die Lehrerin angesichts einer merkwürdigen Farbansammlung.

„Das ist Gott!", antwortete der Junge.

„Aber niemand weiß doch, wie Gott aussieht", sagte die Lehrerin.

Vertrauensvoll und siegessicher antwortete der Schüler: „Jetzt wissen Sie's!"

Genau das sagten auch die Jünger über Jesus Christus: „Kein Mensch hat jemals Gott gesehen. Doch sein einziger Sohn, der den Vater genau kennt, hat uns gezeigt, wer Gott ist" (Johannes 1,18). Durch das Licht der Sonne sehen wir die Welt, doch durch den Abglanz Christi sehen wir Gott. Im Meer der Dunkelheit strahlt Christus wie ein Leuchtfeuer. Diese Wahrheit hat auch der Apostel Paulus erkannt, als er schrieb: „Denn wie Gott einmal befahl: ,Es werde Licht!', so hat er auch die Finsternis in uns durch sein helles Evangelium vertrieben. Durch uns sollen alle Menschen Gottes Herrlichkeit erkennen, die in Jesus Christus sichtbar wird" (2. Korinther 4,6).

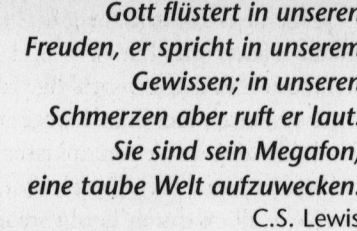

*Gott flüstert in unseren
Freuden, er spricht in unserem
Gewissen; in unseren
Schmerzen aber ruft er laut.
Sie sind sein Megafon,
eine taube Welt aufzuwecken.*

C.S. Lewis

WENN ES GOTT GIBT, WARUM GIBT ES DANN DAS BÖSE?

Nichts bringt unser Dasein so durcheinander wie die tragische Realität des Bösen. Die Qual, die die Menschheit quält, ist denn auch Qual. Niemand entrinnt ihr oder kann sie leugnen. Die Realität des Bösen berührt jede Ebene unseres Lebens. Seine Existenz überwältigt unser Denken und rührt unser Herz. Schmerz, Grausamkeit, Unheil, Ungerechtigkeit und Tod erschüttern uns und machen uns hilflos. Wie oft hört man Aussagen wie: „Ich habe an Gott geglaubt, bis mein Kind bei einem Autounfall umkam." – „Warum leiden die Unschuldigen?" – „Warum werden Kinder behindert geboren?"

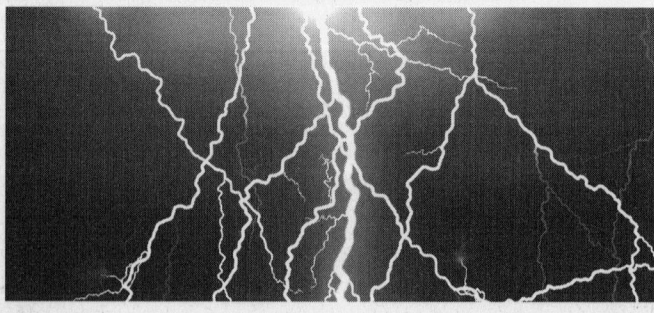

Wenn es einen Gott gibt, warum hat er erlaubt, dass Leute wie Hitler, Stalin, Idi Amin, Pol Pot und Osama Bin Laden Unschuldige töten? Wenn Gott existiert, wie kann er schreckliche Kriege oder Attentate wie jene auf das World Trade Center zulassen?

Das sind quälende Fragen, die sich jeder nachdenkende und sensible Mensch häufig stellt – Fragen, denen wir uns sowohl existenziell als auch intellektuell stellen müssen.

Zahlreiche Philosophen haben schon über die Frage nach dem Bösen diskutiert; Theologen haben eine Vielzahl von „Lösungen" vorgeschlagen, Skeptiker berufen sich häufig darauf, um ihren Unglauben vorzubringen. Von schlimmen Geschehen verstört, erklärt Stendhal: „Gottes einzige Entschuldigung ist, dass er nicht existiert."

Thomas Huxley drückte es knallhart aus: „Wäre unser Gehör fein genug, um jede Schmerzensäußerung mitzubekommen, würden wir taub von einem einzigen durchgehenden Schrei."

Besonders eindrucksvoll sind auch die Äußerungen des britischen Philosophen Bertrand Russell:

Ich möchte jeden Christen dazu einladen, mich in die Kinderabteilung eines Krankenhauses zu begleiten, dort das Leiden anzusehen und dann noch auf der Auffassung zu beharren, diese Kinder seien moralisch so verworfen, dass sie ihr Leiden verdienten.[26]

Nach Russells Auffassung könnte niemand neben einem sterbenden Kind sitzen und noch immer an die Existenz Gottes glauben. Nachdem Nobelpreisträger Albert Camus mit der Realität des Bösen gerungen hatte, kam er zu dem Schluss: „Die letzte philosophische Frage ist die Frage des Selbstmords."

In seinem berühmten Roman *Die Pest* hat Camus eine ergreifende Szene, wo ein Priester, ein Ungläubiger und ein

Arzt um das Bett eines kleinen Jungen stehen, der an der Beulenpest stirbt. Während der Junge Schmerzen leidet, bittet der Priester Gott um Hilfe: „Mein Gott, rette dieses Kind."

Doch tragischerweise stirbt der Junge. Später, auf dem Schulhof, erklärt der Priester: „Es ist empörend, weil es über unser Maß geht. Aber vielleicht müssen wir lieben, was wir nicht verstehen können."

Der Arzt widersprach leidenschaftlich: „Nein, Pater", sagte er. „Ich habe eine andere Vorstellung von der Liebe. Und ich werde mich bis zum Tod weigern, diese Schöpfung zu lieben, in der Kinder gemartert werden."[27]

Vor ein paar Jahren veranschaulichte der Atheist Charles Smith das Problem in einer wichtigen öffentlichen Debatte für alle, die an die Existenz eines guten Gottes glauben:

Vor wenigen Jahren blieben eine Mutter und ihr Kind alleine auf einer Ranch in Arizona. Der Vater war fortgegangen. Eine Klapperschlange biss die Mutter. Sie versuchte Hilfe zu holen, war aber zu weit von dem nächsten Menschen entfernt. Was sollte sie tun? Sie erkannte, dass sie sterben und das Kind verhungern würde, denn der Vater würde erst in einer Woche heimkehren. Sie brachte das Baby und sich selbst um. Wie lässt sich so etwas erklären, wenn es Gott gibt?

Die Existenz des Bösen ist denn auch eines der größten Hindernisse für den Glauben an Gott. Es ist zweifelsohne der intellektuell herausforderndste Einwand. Der evangelikale Philosoph Elton Trueblood merkt an: „Es ist ein Problem, dem kein Theist ausweichen kann und dem kein aufrichtiger Denker auszuweichen versucht."

James Orr bekräftigt: „Das Problem des Bösen gehört zu den entscheidendsten Einwänden, die Ungläubige gegen das Faktum Gott erheben."

Der Prozessphilosoph[28] Alfred North Whitehead

schreibt: „Alle Vereinfachungen der religiösen Dogmatik sind an dem Felsen zerschellt, den das Problem des Bösen darstellt."[29] Der britische Schriftsteller John W. Wenham übertrieb nicht, als er sagte: „Das Böse stellt das größte Einzelargument gegen die Existenz eines allmächtigen, liebenden Gottes dar."

Hugh Silvester betrachtet das Problem von einem anderen Blickwinkel aus: „Wenn Gott wüsste, dass ein bestimmter Teil seiner Geschöpfe zu einer ewigen Höllenstrafe bestimmt wäre, könnten wir uns fragen, warum Er sie überhaupt geschaffen hat."

Angesichts dieses Problems kommt der zeitgenössische Dichter Robert Hale zu dem Schluss: „Stünde ich vor der Wahl zwischen ‚Gott ist tot' und ‚Alles (einschließlich das Böse) ist Gottes Wille', müsste ich mich der Stimme enthalten."

Jede Lebensphilosophie sieht sich der Realität des Bösen gegenüber, und die Last, seinen Ursprung und seine Existenz zu erklären, ist gleichermaßen auf alle verteilt. Es ist kein Problem, das nur dem christlichen Glauben eigen wäre, wie R.C. Sprout so treffend feststellte: „So muss sich denn jede philosophische Theorie irgendwie damit auseinandersetzen."

In theologischen Kreisen wird dieses Problem allerdings sehr stiefmütterlich behandelt, wie der amerikanische Philosoph Brand Blanshard in seinem überaus bedeutenden Werk *Reason and Belief* (dt. etwa: *Vernunft und Glaube*) darlegt: „Der Umgang der Theologie mit dem Bösen kommt mir wie ein Schandfleck vor."

Ed. L. Miller betont: „Die Unfähigkeit des Theologen, dem Skeptiker eine freimütige und befriedigende Antwort auf diese Herausforderung zu geben, hat das Böse zweifellos zu dem größten einzelnen Stolperstein auf dem Weg zum Glauben an einen Gott der Liebe gemacht."

Das mag zwar eine Übertreibung sein, doch könnte man aus den Überlegungen von Theologen hervorragende Einsichten gewinnen.

Was sollen wir aus dem Bösen machen? Wie sollen wir auf dieses drängende Problem reagieren? Stellt das Existieren von Schmerz und Leid die Existenz Gottes in Abrede? Kümmert ihn das Leiden der Menschheit? Interessiert er sich für unseren Schmerz und Kummer? In welchem Sinn ist die Existenz des Bösen unvereinbar mit der Existenz Gottes? Wenn es einen Gott gibt, warum gibt es das Böse? Das sind wichtige Fragen, die ein ernsthaftes Nachdenken wert sind. Wenn wir diesen Fragen aus dem Weg gehen, haben wir einer bekümmerten Welt nichts zu sagen!

Es gibt eine Reihe von Ansätzen für dieses Problem, doch aus Platzgründen können wir nicht alle Lösungsversuche betrachten. Wir werden unsere Diskussion auf eine Reihe grundlegender Faktoren beschränken. Von einem heutigen Standpunkt aus gibt es generell drei Hauptantworten auf dieses Problem: Atheismus, östliche Religion und Christentum.

■■■ Die atheistische Konfusion

Atheisten bringen häufig vor, dass die Anwesenheit des Bösen in der Welt unvereinbar ist mit dem Wesen von Gottes Existenz. Atheisten wir Antony Flew, George H. Smith, Woolsey Teller, Kai Nielson, Michael Martin, Richard R. LaCrois und andere bringen verschiedene Beweise aus dem Problem des Bösen gegen die Existenz Gottes vor.

Die berühmteste Version des Beweises kommt von dem griechischen Philosophen Epikur, der die Anklage folgendermaßen zusammenfasst: „Entweder Er ist nicht gut, oder Er ist nicht allmächtig."

David Hume, der skeptische Philosoph, drückt dasselbe Argument nochmals ganz deutlich aus:

■■*Will er (Gott) das Böse verhindern, kann es aber nicht? Dann ist er unfähig. Ist er fähig, will aber nicht? Dann ist er böswillig. Ist er sowohl fähig als auch willens? Woher kommt dann das Böse?*

Epikur (341–270 v.Chr.) befasste sich erstmals mit dem Problem und wurde später zitiert von Lactantius (260–340 n.Chr.). Das Problem ließe sich in folgendem logischen Schaubild darstellen:

B
Gott ist all-
mächtig

A
Gott ist
gut

C
Es gibt Böses

Theisten glauben (A) Gott ist gut und (B) Gott ist allmächtig, doch das Problem ist: Wie können wir (C) angesichts von A und B erklären? Es gibt eine Reihe möglicher Erklärungen, warum das Böse existiert. Christliche Denker geben die folgenden Gründe an:

Σ Die Existenz Satans, der (oft) für böse Taten verantwortlich ist.

Σ Die eschatologische Erklärung: Gott wird schließlich das Böse bezwingen und dadurch seine Allmacht erweisen.

Σ Gerechtigkeit und damit Strafe und Vergeltung machen „Böses" notwendig.

Σ Strafe für Fehlverhalten wird als „böse" erlebt.

∑ Hinter Leiderfahrungen steht der positive Gedanke des „Geprüftwerdens".

∑ Gott bedient sich auch des Leidens, damit Menschen nach ihm fragen.

∑ Erlösung ist nur sinnvoll in einer unerlösten, bösen Welt.

Die Heilige Schrift stellt eindeutig klar, dass bei der Schlussabrechnung nicht das Böse ausschlaggebend ist, sondern Gott. Jesus sagt: „Vertraut darauf: Ich habe die Welt besiegt" (Johannes 16,33).

Thomas von Aquin, der brillante Philosoph aus dem Mittelalter, erkannte das Problem des Bösen und hielt folgende Antwort bereit:

■■*Wir sehen nämlich, dass bei einer Ursachenreihe wegen des Versagens einer zweiten Ursache ein Übel in der Wirkung auftritt, wobei jedoch dieses Versagen auf keine Weise von der ersten Ursache verursacht wird ... Und deshalb wird alles, was in den Dingen an Übel eintritt, soweit es ein Sein oder irgendeine Art oder Natur besitzt, auf Gott als auf seine Ursache zurückgeführt. Ein Übel kann nämlich nur in einem Guten sein ... Aber bezüglich dessen, was es an Mangel besitzt, wird es auf eine niedere, des Versagens fähige Ursache zurückgeführt. Und so ist Gott, obwohl Er die allgemeine Ursache aller Dinge ist, dennoch nicht Ursache der Übel, insofern sie Übel sind; aber alles, was an Gutem mit ihnen verbunden ist, wird von Gott verursacht.*[30]

Christliche Philosophen haben sich intensiv mit dem Problem des Bösen auseinander gesetzt. Die Werke von C.S. Lewis, Alvin C. Plantinga, John Hick, M.B. Ahern, Norman L. Geisler, Austin Farrer, Nelson Pike, Michael L.

Peterson und anderen widerlegen das atheistische Argument, das Böse und die Existenz Gottes schlössen sich gegenseitig aus.

Die beliebte Beweiskette des Atheismus lässt sich folgendermaßen grob darstellen:

Σ Es gibt Böses in der Welt,
Σ Böses ist unvereinbar mit Gott,
Σ daher existiert Gott nicht.

C.S. Lewis, lange Zeit Atheist, der die Existenz Gottes auf Grund der Existenz des Bösen zurückwies, erklärt: „Mein Beweis gegen die Existenz eines liebenden Schöpfers war, dass das Universum grausam und lebensfeindlich ist."

Der Einwand ist logisch irreführend. Er zielt an mehreren Stellen an der Wahrheit vorbei. Erstens setzen Skeptiker subjektiv ohne Beweis voraus, dass das Böse mit der Existenz Gottes nicht vereinbar ist. Diese Prämisse wird angenommen, nicht bewiesen. Der Skeptiker muss seine Annahme beweisen, damit sein Beweis gültig werden kann. Zweitens ist es logisch immer noch möglich, dass Gott in seiner Weisheit das Böse zu einem sehr guten Zweck zulässt und aus irgendeinem klugen Grund diese Wahrheit noch nicht offen gelegt hat. Sofern der Skeptiker nicht maßvoll an die Sache herangeht und gute Gründe dafür vorbringen kann, wäre es allerdings voreilig von dem Skeptiker zu schließen, die Existenz des Bösen sei unvereinbar mit Gott. Eine logische Erwiderung auf das atheistische Argument ist:

Σ Gott ist allmächtig;
Σ Gott ist gut;
Σ da Gott noch nicht ganz fertig ist mit der Welt, bleibt das Böse bestehen, bis Gott es auslöscht.

William Dyrness hat Recht: „Viele Menschen, die nicht an Gott glauben, hegen scheinbar einen mächtigen Groll gegen Christen und gegen Gott wegen eines Problems, das es nach ihrer eigenen Annahme überhaupt nicht gibt."

Die Tatsache des Bösen löscht keineswegs die Realität Gottes aus. So hebt Arlie J. Hoover richtig hervor: „Wenn wir seine Begründung für das Böse nicht kennen, ist das philosophisch und psychologisch sehr interessant, aber kaum ein Widerspruch."

Um es als Widerspruch einzustufen, so Hoover, müsse man alles wissen, um wirklich zu behaupten, das Böse sei ein ernsthafter Widerspruch zum christlichen Theismus. Man müsste wissen, dass jede beabsichtigte Übereinstimmung falsch ist. Man müsste Behauptungen aufstellen wie „Gott würde niemals Leiden zulassen" oder „Gott hätte *nur* gesegnete Menschen erschaffen". Könnte ein Mensch solche Behauptungen wirklich beweisen? Wie denn? Wie könnte jemand so viel darüber wissen, was Gott tun könnte oder würde?

Der offensichtliche Trugschluss bei dem Argument über das Böse ist der, „die Sache von vornherein als erwiesen zu betrachten". Wer eine Sache von vornherein als erwiesen ansieht, beweist seine Einstellung nicht, sondern läuft im Kreis und stellt dieselbe Sache zweimal dar. Diesem Trugschluss gelingt es nicht, etwas zur Lösung der eigentlichen Frage beizutragen. Ein Zirkelschluss wäre zum Beispiel: „Moralisch gut ist der Mensch, der tugendhaft handelt." Oder nett ist auch: „Besser ist es, untätig zu sein, als nichts zu tun."

Atheisten argumentieren von einer Prämisse ausgehend, die ihre Philosophie leugnet. Jean-Paul Sartre formuliert die atheistische Haltung treffend so: „Der Existentialist denkt im Gegenteil, es sei sehr störend, dass Gott nicht existiert, denn mit ihm verschwindet alle Möglichkeit, Werte in einem wahrnehmbaren Himmel zu finden."[31]

In seinem Werk *Ist der Existentialismus ein Humanis-*

mus? stimmt Sartre Dostojewski zu: „Wenn Gott nicht existierte, so wäre alles erlaubt."[32]

In einem strikt atheistischen Kontext gibt es keine Absolute, alles ist relativ; es gibt kein letztgültiges Moralgesetz, alles ist subjektiv. Wenn es keinen Gott gibt, gibt es keine absolute moralische Norm, nach der man bestimmen könnte, was gut oder böse ist. C.S. Lewis veranschaulicht treffend, wie schwierig die Aufrechterhaltung absoluter Normen und Prinzipien in einer menschlichen Gesellschaft ist:

Wenn wir unseren eigenen Standard an Güte nicht im Prinzip als gültig annehmen (wie fehlbar wir selber in seiner Anwendung auch sein mögen), besagt es überhaupt nichts, wenn wir Verlottern und Grausamkeit als Übel bezeichnen. Und wenn unser eigener Standard nicht darüber hinaus geht, unserer zu sein, nämlich ein objektives Prinzip, auf das wir reagieren, können wir diesen Standard nicht als gültig betrachten. Wenn wir also, kurz gesagt, die letzte Realität nicht als moralisch betrachten, können wir sie nicht moralisch verurteilen.

> *Gäbe es keinen Gott, müsste man ihn erfinden.*
> Voltaire

Der Philosoph David Freeman stellt richtig dar: „Wenn moralische Normen nämlich nicht Gottes Zustimmung und Billigung haben, wenn Gott nicht der moralische Gesetzgeber ist, dann gibt es keine unveränderlichen moralischen Normen."

Im selben Tenor bemerkt der sich auf Thomas von Aquin berufende Philosoph Eric Mascall:

■■*Wenn es keinen Gott gibt, dann gibt es nicht das Problem, die Existenz von Schmerz und Sünde mit seiner Liebe und Allmacht in Einklang zu bringen. Und während der Atheist mit einigem Grund gegen den*

Theismus vorbringen kann, dass er sich selbst eine Aufgabe gestellt hat, die er nicht lösen kann, muss er das Böse nicht als Problem für sich selbst ansehen – außer in dem rein intellektuellen Sinne, dass er sich doch wundern muss, woher es stammt.

C.S. Lewis schreibt in seinem berühmten Buch *Pardon, ich bin Christ*:

■■*Gerade als ich dabei war zu beweisen, dass es Gott nicht gibt – mit anderen Worten, dass die Welt von Grund auf sinnlos ist –, sah ich mich gezwungen, einen Teil der Wirklichkeit – nämlich meine Vorstellung von Gerechtigkeit – als sehr sinnvoll gelten zu lassen. Dabei aber erweist sich der Atheismus als zu einfach.*[33]

Atheisten pochen auf ein moralisches Prinzip und werfen Gott vor, gegen dieses Prinzip zu verstoßen. Der springende Punkt ist doch: Woher stammt dieses Prinzip? Nicht von der Gesellschaft, denn was ist die Gesellschaft schon anderes als eine Gruppe Individualisten, und Prinzipien und Werte erhält man nicht einfach dadurch, dass man sich ihr annähert. Wir bestimmen Wahrheit nicht dadurch, dass wir Häupter zählen. Wenn eine Gesellschaft absolute moralische Normen aufstellen kann, wer kann dann also etwas gegen Hitlers Gesellschaft, die die Juden tötete, vorbringen? Der Philosoph Richard Purtill stellt richtig dar:

■■*Wenn unser Vernunftdenken und unsere Moralität nicht von Gott kommen, stammen sie von zufälligen Veränderungen irgendeiner Grundsubstanz oder vom Wirken geistloser Kräfte. In jedem Fall haben sie keine Gültigkeit.*

Die atheistische Sicht des Übels ist angesichts der Realität vollkommen unangebracht. Sie ist subjektiv, willkürlich und bedeutungslos. Aus diesem wichtigen Grund entsagte der frühere Atheist C.E.M. Joad seinem Glauben an den Atheismus und wurde Christ. Professor Joad schreibt:

■■*Die Ansicht über das Böse, wie sie der Marxismus sinngemäß verstand, Shaw sie ausdrückte und von der heutigen Psychotherapie aufrechterhalten wird, eine Ansicht, die das Böse als Nebenprodukt der Umstände betrachtet, Umstände, die es daher ändern und sogar beseitigen können, erscheinen mir mittlerweile unerträglich seicht.*

Äußerst interessant ist auch, dass Atheisten starken Groll gegenüber der Realität des Übels hegen, obwohl es doch nach ihrer eigenen Weltsicht niemanden gibt, gegen den sich ihr Groll richtet. Mascall hebt hervor: „Das ist sehr seltsam und lässt beinahe den Verdacht entstehen, dass die Atheisten im Stillen in einem kleinen verstohlenen Theismus schwelgen."

So weist also die Tatsache der moralischen Erfahrung des Menschen auf die Realität Gottes – nicht auf ihre Verneinung. F.J. Sheed sagt:

■■*Leiden wäre allesamt unerträglich, wenn es keinen Gott gäbe ... Der Atheismus antwortet, das Bestehen des Leidens beweise, dass es keinen Gott gebe. Doch das vermindert die Leiden der Welt nicht um Haaresbreite, sondern es nimmt nur die Hoffnung.*

Der berühmte englische Apologet John Henry Newman schrieb genau dazu: „Ich glaube, wenn dieses Leben das Ende ist und es keinen Gott gibt, der alle Tränen von allen Augen wischen kann, ja, dann könnte ich durchdrehen."

Wir sollten uns in unseren Betrachtungen auch nicht die Erkenntnisse des Ed. L. Miller entgehen lassen:

■■ *Warum sollte es einfacher sein, auf Güte ohne Gott zu rechnen, als auf ein von Gott gewolltes Übel? Dass das Problem des Bösen mehr Staub aufwirbelt als das Problem der Güte mag eher eine Frage der Psychologie als der Philosophie sein.*

Der schlimmste Trugschluss in der atheistischen Argumentation ist das, was Logiker als Ablenkung bezeichnen. Hier besteht der Trugschluss darin, vom Hauptthema zu einem Nebenthema abzuschweifen. Maßgeblich ist, dass das Böse nichts mit der Existenz Gottes zu tun hat. Das Problem des Bösen stellt nämlich Gottes Wesen in Frage, nicht seine Existenz. In Übereinstimmung mit dieser Auffassung bemerkt der britische Wissenschaftler A.E. Wilder-Smith mit glänzendem Scharfblick:

■■ *Der Atheist bleibt dabei, dass er in der Natur nichts als Widersprüche sieht. Deshalb leugnet er von seiner Vorstellungswelt her jeden Gedanken an einen Schöpfer hinter der Natur. Wir dürfen allerdings nicht vergessen, dass selbst die winzigste Insel der Ordnung im größten Meer des Chaos einen Schöpfer dieser kleinen verbleibenden Ordnung verlangt.*

Es besteht keine logische Notwendigkeit, darauf zu schließen, Gott existiere nicht, nur weil das Böse existiert. In seinem hervorragenden Werk *God, Freedom and Evil* (dt. etwa: *Gott, Freiheit und das Übel*) hat der Philosoph Alvin Plantinga eine exzellente Antwort auf die atheistische Verwirrung bereit:

■■ *Warum sollte man meinen, falls Gott einen guten Grund dafür hat, das Böse zuzulassen, sollten die Theisten die Ersten sein, die es erfahren? Vielleicht hat Gott einen guten Grund, aber dieser Grund ist für uns zu kompliziert.*

■■■ Eine pantheistische Illusion

Östliche Religionen wie Hinduismus und Buddhismus reagieren auf das Problem des Bösen, indem sie seine eigentliche Existenz leugnen. Mit ihrer Vorstellung des Monismus, alle Vielfalt sei reine Illusion und die letztgültige Wirklichkeit sei sowohl Eins als auch Gut, verwirft die östliche Religion die Realität des Bösen. Die religiöse Sondergemeinschaft Christliche Wissenschaft, die hier dem Osten folgt, lehnt die Existenz des Bösen ebenfalls als illusorisch ab. Ihre Gründerin Mary Baker Eddy stellt in der Zeitschrift *Science and Health* dar: „Das Übel ist lediglich eine Illusion, sie hat keine reale Grundlage. Das Übel ist ein Irrglaube."

Diese Denkweise schimmert auch durch die Werke Shakespeares, wenn er schreibt: „... denn es ist nichts weder gut noch schlecht, erst Denken macht es dazu."[34]

Zu sagen, es gebe kein Übel – entscheidend sei, wie man dazu stehe – ist unrealistisch in einer Welt realer Leiden. Vor ein paar Jahren forderte ein pantheistisch eingestellter Student während einer Vorlesung meine Ansicht über das Böse ein. Er argumentierte sehr stark gegen meine Darstellung, das Böse sei real. Ruhig fragte ich, ob es falsch von mir war zu lehren, das Böse sei real. Er antwortete mit „Ja!"

Dann fragte ich: „Ist es böse zu lehren, das Böse sei real?"

Darauf hatte er keine Antwort – er steckte in einem Dilemma. Akzeptierte er meine Aussage, müsste er der Realität des Bösen zustimmen. Lehnte er meine Aussage ab, müsste er seine Grundprämisse leugnen. Seine einzige Lösung war, mich als Illusion abzutun!

Der östliche Zugang zum Übel löst das Problem des Bösen nicht, sondern schafft auch noch ein neues. Er ist keine Antwort, sondern Flucht vor der Vernunft. Wenn das Böse, das für unseren Verstand doch so offensichtlich und eindeutig ist, eine Illusion ist, was sollen wir dann von den Argumenten für das Übel als Illusion halten? Sollen wir sie nicht auch als Illusionen betrachten? Wenn wir die Prämisse als erwiesen ansehen, das Übel sei eine Illusion, wie müssen wir dann die Tatsache betrachten, dass Menschen das Übel für wahr halten? Und was ist mit der Illusion selbst? Ist sie nicht ein Übel an sich? Da Menschen sich vormachen, das Böse sei real, ergibt sich daraus nicht ein ernstes Problem, das heißt ein wirkliches Übel?

Diese Sichtweise erklärt nicht den Ursprung der Illusion. Sie bietet keine Erklärung für die offensichtliche Realität des Bösen. Das Leugnen beseitigt nicht das Vorhandensein von Übel in der Welt. Diese Theorie zu akzeptieren heißt, die Tatsache der Erfahrung abzuweisen. Wie der christliche Apologet Norman L. Geisler logisch darlegt: „Die Position des Illusionisten zu akzeptieren erfordert, dass man zugesteht, dass das ganze Leben, wie er es erfährt, ihn täuscht."

Der östliche Dichter veranschaulicht das Dilemma eindrucksvoll: „Das Böse ist zwar eine Illusion, doch wenn ich auf einer Nadel sitze und mich steche, warum kann ich das, was ich mir einbilde zu fühlen, nicht mögen?"

Es ist eine Sache zu glauben, das Böse sei eine Illusion, doch eine ganz andere, unbeirrbar nach dieser Prämisse zu leben. Wie Dr. Geisler richtig hervorhebt:

■■*Diejenigen, die glauben, dass das Böse und die Welt überhaupt nur Illusion sind, leben in Wirklichkeit nicht so, als ob sie damit rechneten. Sie mögen es zwar behaupten, aber sollte sie jemand vor einen heranfahrenden Bus stoßen, würden sie sich sehr schnell für die Ansicht, dass Dinge und Umstände wirklich existieren, „erwärmen"!*[35]

Sigmund Freud hat Recht: „Es wäre schön, wenn es kein Übel geben würde. Doch allein die Tatsache, dass Menschen sich das herbeiwünschen, macht diesen Glauben höchst suspekt."

Auf derselben Linie argumentiert Elton Trueblood: „Wenn alles Übel, ob nun moralisch, natürlich oder intellektuell, in Wirklichkeit illusorisch ist, sind wir eigentlich blöd, es zu bekämpfen; es wäre viel ratsamer, es zu vergessen."

> *Ich glaube, wenn dieses Leben das Ende ist und es keinen Gott gibt, der alle Tränen von allen Augen wischen kann, ja, dann könnte ich durchdrehen.*
> John Henry Newman

Wenn das Übel eine Illusion ist, dann ist es witzlos zu versuchen, die Lebensbedingungen zu verbessern. Also ließe man die Mittellosen verhungern, den Kranken sterben, es gäbe keinen Bedarf an Krankenhäusern, Schulen und Universitäten. Das Lernen würde eingestellt und ein dunkles Zeitalter würde auf die Erde herabkommen. Daher lehnen wir diese Sichtweise als unmenschlich, unmöglich und irrational ab. „Nach christlicher Auffassung", schreibt William Dyrness, „wird das Übel von einem souveränen Gott zugelassen, und zwar auf eine Art, die mit seiner Güte letztendlich vereinbar ist."

Aber wie schaffen wir es, in einer Welt von Leiden, Schmerzen und Übel die Güte Gottes zu rechtfertigen?

■■■ Die theistische Lösung

Die christliche Antwort auf das Problem des Bösen (Theodizee[36]) ist die einzig angemessene Antwort auf das Vorhandensein von Übel in der Welt. Die christliche Antwort unterscheidet sich erheblich von allen anderen Glaubens-

55

systemen. Die biblische Offenbarung wirft beachtlich viel Licht auf dieses Thema, und der Christ muss nicht in tiefe Verzweiflung versinken und sich von seinem Gehirn verabschieden.

Da die Beweise für Gottes Existenz überwältigend sind, ist es allerdings dumm, seine Existenz auf Grund des Bösen abzustreiten. Gott auf Grund des Bösen abzulehnen ist genauso wie die eigenen Eltern auf Grund gewisser Verhaltensweisen zu leugnen. Ein Wissenschaftler wird die Wissenschaft nicht deswegen aufgeben, weil er oder sie auf ein besonderes Rätsel oder ein schwieriges Problem stößt. Der Christ, sagt David Elton Trueblood, hat reichlich Grund, im vollen theistischen Sinne an Gott zu glauben. Stößt er dann auf irgendein Problem, und sei es auch so groß wie das Problem des Übels, wird er nicht aus diesem Grund seinen Glauben aufgeben. Die Gründe für seinen Glauben sind so groß, dass sie ein paar Stürmen trotzen können.

Gemeinhin spricht man vom Übel in zweierlei Sinne: Natürliches Übel und moralisches Übel. J. Edwin Orrs Analogie ist hierfür sehr hilfreich:

■■■*Ein Wanderer sucht Zuflucht unter einem großen Felsen, der sich durch den Regen lockert, abrutscht und ihn tötet. Das ist natürliches Übel. Ein anderer Wanderer sucht Zuflucht in einer kleinen Hütte, doch ein Räuber ersticht ihn. Das ist moralisches Übel.*

Historisch betrachtet nimmt man an, das Wort Übel leitet sich von dem lateinischen *negatio* ab. Das Übel wird durch negative Begriffe definiert, wie ungöttlich, ungerecht/sündig, unglücklich usw. Um zu erkennen, was ungöttlich ist, müssen wir „göttlich" verstehen. Nach C.S. Lewis ist „das Gute ... sozusagen es selbst". Das Böse ist nur das verdorbene Gute. Und es muss zuerst etwas Gutes geben, ehe es verdorben werden kann. Weiter meint Lewis, „dass das Böse ein

Schmarotzer, nicht etwas Ursprüngliches ist".[37] Das Böse hat nur Bedeutung in Bezug zu dem Guten; es ist nicht notwendig und abhängig, ein Nicht-Vorhandensein von Gutem; kein positives Merkmal, sondern ein negatives. Übel ist nichts Seiendes, sondern ein Parasit des Seienden. Übel ist also eine schlechte Beziehung zwischen guten Dingen. Norman L. Geisler bringt ein bedeutendes Argument an:

■■*Dunkelheit ist nicht Nichts; sie ist die Abwesenheit von Licht. Dementsprechend ist Krankheit die Abwesenheit von Gesundheit und Tod ist die Abwesenheit von Leben, das zu einem Seienden gehört. All dies sind wirkliche Mängel. Entsprechend ist das Übel wirklich, obwohl es nicht mehr eigenes Sein hat als Dunkelheit oder Krankheit.*

Gott schuf den Menschen mit der Möglichkeit und der Fähigkeit, zwischen Gut und Böse zu wählen. Er schuf die Möglichkeit zum Bösen, aber nicht seine Realität. Also ist Gott nicht der Erschaffer des Bösen. Wie E.J. Carnell bemerkt: „Gott ist der Erschaffer des Erschaffers der Sünde, doch er kann nicht selber Erschaffer der Sünde sein, denn Sünde ist das Ergebnis einer Auflehnung gegen Gott. Kann sich Gott gegen sich selbst auflehnen?"

Im Wesentlichen ist Sünde der Missbrauch des freien Willens oder dessen, was gut ist. Wie Augustinus uns erinnert:

■■*Es kommt aber immer darauf an, wie des Menschen Wille geartet ist. Wenn er verkehrt ist, wird er auch verkehrte Regungen haben; ist er richtig, werden sie nicht nur unschuldig, sondern obendrein lobenswert sein. Denn in allen Regungen lebt ein Wille, ja mehr noch: sie alle sind nichts andres als Willensregungen. Was ist Begierde und Freude, wenn nicht der Wille dem zustimmt, was wir wollen? ... Und da keiner von Natur aus böse wird, schuldet der, so nach Gott lebt, den Bösen insofern „tiefsten Hass", als er nicht der Sünde wegen den Menschen hasst, oder des Menschen wegen die Sünde liebt, sondern die Sünde hasst und den Menschen liebt … Ein rechter Wille ist daher auch eine gute Liebe, ein verkehrter eine schlechte Liebe.*[38]

Wenn wir auf dieser Linie weiter denken, kommt uns die Frage in den Sinn: „Warum kann Gott nicht Menschen erschaffen, die nichts Böses tun?"

Hier wird jedoch Gottes Macht in Frage gestellt. Was man an dieser Stelle nicht versteht ist, dass Gott nur das tun könnte, was logisch möglich ist, und nicht das logisch Absurde wie etwa quadratische Kreise oder einen Stock mit nur einem Ende. Die Einschränkung stellt Gottes Allmacht keineswegs in Frage. Gottes Allmacht, schreibt C.S. Lewis,

bedeutet die Macht, alles zu tun, was in sich möglich, nicht aber zu tun, was in sich unmöglich ist. Du darfst Ihm Wunder zuschreiben, aber nicht Widersinn. Dies bedeutet keine Begrenzung Seiner Macht … Es bleibt wahr, dass alle Dinge bei Gott möglich sind; das innerlich Unmögliche aber ist nicht ein Ding, sondern ein Nichts.[39]

In diesem Sinne schreibt auch Ed. L. Miller:

Selbst ein allmächtiger Gott kann nicht tun, was logisch unmöglich ist; er kann einen Felsen nicht so groß machen, dass er ihn nicht mehr heben kann, er kann keine vierseitigen Dreiecke machen, er kann keine Dinge machen, die gleichzeitig und in derselben Hinsicht sind und nicht sind, und er kann nicht etwas schaffen, das dieselbe Macht des Seins hat wie die, die er selbst besitzt.

Kann Gott einen unfreien Menschen frei machen? Nein! Ein Mensch, der nicht frei ist, ist kein Mensch. Wenn der Mensch frei ist, hat er die freie Wahl. Aber zu einer Wahlmöglichkeit gehören logischerweise Dinge, zwischen denen man wählen kann. Wir stimmen Cherbonnier zu: „Nur wenn der Mensch Böses tun kann, hat es überhaupt Sinn, Gutes zu tun."

William Dyrness bemerkt richtig:

■■*Es ist eine christliche Überzeugung, dass das Böse zu einem höheren Zweck benutzt werden kann, dass Leiden Heiligkeit erzeugt. Wenn das stimmt, dann ist es möglich, dass Gottes Widerwille, eine Welt zu schaffen, in der das Böse unmöglich ist, weder ein schlechtes Licht auf seine Güte noch auf seine Allmacht wirft, sondern seinen ewigen und unveränderlichen Absichten entspringt.*

Er fügt noch hinzu: „Wenn wir die Schöpfung in ihrer Gesamtheit ansehen, werden wir das Übel vielleicht als notwendiges Element in dem Sinn des Ganzen betrachten."

Zu der Frage „Warum gebietet Gott dem Bösen nicht Einhalt?" fragen wir: „Wie viel Übel soll Gott denn Einhalt gebieten? Wenn Gott anfinge, dem Bösen Einhalt zu gebieten, glaubst du denn, du würdest um Mitternacht noch leben?"

Niemand wünscht sich, dass Gott sich in ihr oder sein Handeln einmischt. Wie viele von uns wünschen sich jedes Mal Kopfschmerzen, wenn sich unser Denken gegen Gott richtet? Welcher Dieb will, dass Gott ihn am Stehlen hindert? Der Hochschullehrer John Gerstner meint:

■■*Zwar glauben wir nicht, dass die Freiheit des Einzelnen die letztgültige Erklärung für den Ursprung des Bösen ist, doch denken wir, Freiheit war das Instrument, durch das die Sünde in unsere Welt gelangt ist.*

In die selbe Kerbe schlägt John W. Montgomery:

■■ *Wesen zu schaffen, die (in jeder Hinsicht) das Gute wählen „müssen", hieße Roboter zu schaffen; und die Auswirkungen des Bösen wegzuwischen, sobald sie entstehen, hieße das Böse selbst wegzuwischen, denn eine Tat und ihre Folgen hängen direkt zusammen.*

Eine Welt, in der nichts schief gehen könnte, wäre denn auch eine Welt ohne Gott. Wie V.A. Demant es ausdrückte: „Sie wäre eine Art unfehlbares Uhrwerk – oder sie wäre eine Welt, in der nichts ohne Kontrolle von Gott liefe." Auf Grund dieser Realität sind frühere Atheisten wie Lewis, Schelling, Joad und andere zum christlichen Glauben gekommen.

Das Vorhandensein des Bösen dient auch guten Zwecken, wie C.S. Lewis hervorhebt: „Gott flüstert in unseren Freuden, er spricht in unserem Gewissen; in unseren Schmerzen aber ruft er laut. Sie sind Sein Megafon, eine taube Welt aufzuwecken."[40]

Der brillante britische Schriftsteller G.K Chesterton hat eine anschauliche Umschreibung des menschlichen Daseins, das von Sünde und Leiden entstellt ist. Er schreibt:

■■ *Gemäß christlichen Vorstellungen befreite Er sie (die Welt) dadurch, dass Er sie erschuf. Gott hatte etwas geschrieben, aber nicht so sehr ein Gedicht, als vielmehr ein Schauspiel; ein Schauspiel, das nach Seiner Planung perfekt sein sollte, das notwendigerweise aber menschlichen Schauspielern und Bühnenbildnern überantwortet wurde, die es seither ganz schön verhunzt haben.*

Im christlichen Glauben haben wir einen Gott überwältigender Liebe, der sich voll und ganz in unsere menschliche Angst und Schmerzen hinein begibt; in der Auferstehung dann macht er uns die Zusage, dass er eines Tages das Böse endgültig überwinden wird:

■■ *„Hier wird Gott mitten unter den Menschen sein!"*
Er wird bei ihnen wohnen, und sie werden sein Volk
sein. Ja, von nun an wird Gott selbst als ihr Herr in
ihrer Mitte leben. Er wird alle ihre Tränen trocknen,
und der Tod wird keine Macht mehr haben. Leid, Angst
und Schmerzen wird es nie wieder geben; denn was ein-
mal war, ist für immer vorbei.
Offenbarung 21,3-4

Was ist die letztgültige Antwort auf das Problem des Leidens? Das Christentum sagt, die Antwort ist das Kreuz! Es ist die größte aller Antworten auf die größte aller Fragen. Nach der christlichen Botschaft ging Gott Schmerzen und Leiden nicht aus dem Weg, sondern ertrug sie. Ein Skeptiker forderte einmal einen Geistlichen mit einer provozierenden Frage heraus: „Wo war denn Ihr Gott, als mein Sohn starb?" Der Geistliche erwiderte bedächtig: „Ja genau, wo denn, als Sein Sohn starb?"

Dorothy L. Sayers viel sagende Bemerkungen zu dem Thema sind beachtenswert:

■■ *Aus welchem Grund auch immer Gott beschlossen*
hat, den Menschen so zu machen, wie er ist – einge-
schränkt und leidend und Leiden und Tod unterworfen
– war er aufrichtig und mutig genug, seine eigene Medi-
zin einzunehmen. Welches Spiel er auch immer mit sei-
ner Schöpfung spielt, er hält sich an seine eigenen
Regeln und spielt fair. Er kann nichts anderes von den
Menschen verlangen als das, was er auch von sich selbst
verlangt hat. Er selbst ist durch die ganze Erfahrungs-
welt des Menschen gegangen, von den trivialen Konflik-
ten des Familienlebens und den einengenden Beschrän-
kungen harter Arbeit und Geldmangel bis hin zu den

schlimmsten Schrecken von Schmerz und Demütigung,
Niederlage, Verzweiflung und Tod. Als er ein Mensch
war, ging er ganz in der Rolle Mensch auf. Er wurde in
Armut geboren, starb in Schande und fand das alles der
Mühe wert.

„Im Zentrum der Geschichte steht das Kreuz Christi",
schreibt John W. Wenham, „wo das Böse sich am
schlimmsten auswirkte und gleichzeitig überwunden
wurde."[41] Ähnlich schreibt W.H.T. Gairdner: „Vor dem
dunklen Hintergrund des Versagens und der Sünde des
Menschen zeigt uns das Kreuz das Ausmaß von Gottes hef-
tigem Zorn auf das Böse und das Ausmaß von Gottes hef-
tiger Liebe zu seinen sündigen Kindern, die er erlöste."

Ausdrucksvoll schließt er: „Daher kommen am Kreuz
Heiligkeit und Liebe, Zorn und Mitleid, Gerechtigkeit und
Gnade zusammen und küssen sich."

E.J. Carnell drückt das wunderbar aus: „Das Kreuz
Christi ist Gottes endgültige Antwort auf das Problem des
Bösen, denn das Problem des Bösen steckt im Kreuz
selbst."

Genau hier erkennen wir, was Gott mit dem Bösen
gemacht hat. Er packte das Böse an seiner brutalsten und
sinnlosesten Stelle und wandelte es für unsere ewige Erlösung um. Gott selbst ging, in der Person Jesu Christi, durch
Schmerzen, Leid und Tod, um uns von unserem ewigen Leiden zu erlösen. Christus hat das Böse nicht nur ertragen,
sondern darüber triumphiert, wie Dorothy Sayers es so
aufschlussreich ausdrückt: „Er gebot der Kreuzigung nicht
Einhalt; er stand von den Toten auf."

Angesichts dieser Realität hat das Leben Sinn und Ziel;
der Kosmos ist kein Chaos. Es gibt eine letztgültige Bedeutung; Gott, der das Universum erschaffen hat, kann auch
das Universum erlösen. Hiob, der viel erlitt, aber auch tiefe

Einsichten hatte, sagte: „Doch eines weiß ich: Mein Erlöser lebt; auf dieser todgeweihten Erde spricht er das letzte Wort! Auch wenn meine Haut in Fetzen an mir hängt und mein Leib zerfressen ist, werde ich doch Gott sehen!" (Hiob 19,25-26)

3

IST ATHEISMUS EIGENTLICH RATIONAL?

Wenn es einen Gott gibt, warum gibt es Atheisten?
Warum nennen sich manche Menschen Atheisten?
Wodurch ist der Atheismus so in Mode gekommen?

Es gab eine Zeit, in der der Gedanke an Atheismus unbeschreibliche Angst einjagte, aber heute findet man Atheisten in allen Lebensbereichen. Der Philosoph Patrick Masterson bekräftigt in seinem bekannten Buch *Atheism and Alienation* (dt. etwa: *Atheismus und Entfremdung*):

■■*Immer mehr Menschen nehmen heutzutage für sich in Anspruch, Atheisten zu sein, und zwar nicht so sehr auf Grund von Einwänden gegen angebliche Beweise für die Existenz Gottes, sondern vielmehr, weil sie meinen, die Existenz Gottes zu befürworten heiße, die Menschen gegen sich selbst und gegen einander aufzubringen.*

Atheismus ist ein interessantes Forschungsgebiet. Warum sind die Atheisten vom Nicht-Sein Gottes so leidenschaftlich angetan und besessen? Warum widmen viele von ihnen ein Leben religiöser Hingabe und Begeisterung den Idealen des Atheismus? Neuere Studien zum Atheismus bieten faszinierende Einsichten.

Der Atheismus beruht nicht auf einem erwiesenen Glauben, sondern auf der ungestützten Vermutung, es gebe keinen Gott. Boris Pasternak, der den berühmten Roman *Doktor Schiwago* schrieb, erklärte einmal: „Ich bin ein Atheist, der seinen Glauben verloren hat." Atheismus ist ein Glaube, der auf einer Idee beruht. Er ist eine bestimmte Vorstellung vom Leben und dem Universum.

■■■ Was der Atheist trotz allem glaubt

Wer ist ein Atheist? Ein Atheist ist jemand, der jeden Glauben an Gott zurückweist. Das Wort „Atheismus" stammt vom griechischen Wort *atheos*, was „ohne Gott" bedeutet (s. Epheser 2,12). Nach dem atheistischen Philosophen Paul Edwards ist „ein ‚Atheist' ein Mensch, der behauptet, es gebe keinen Gott, das heißt, dass die Aussage ‚Gott existiert' eine falsche Behauptung ist". Ludwig Feuerbach sagt: „In der Persönlichkeit Gottes feiert der Mensch die Übernatürlichkeit, Unsterblichkeit, Unabhängigkeit und Unbeschränktheit seiner eigenen Persönlichkeit."[42]

Der atheistische Philosoph Michael Scriven meint: „Der Atheist mag glauben, es gibt keinen Gott, weil er die Vorstellung im Wesentlichen für widersprüchlich in sich oder bedeutungslos hält, oder weil er denkt, sie ist insgesamt überflüssig, oder sie ist faktisch falsch." Elton Trueblood schreibt: „Der aufrichtige Atheist ist einfach ein Mensch, der sich auf der Welt umgeschaut hat und zu dem Glauben gelangt ist, es gebe keinen hinlänglichen Beweis für Gott oder es gebe gute Beweise gegen Gott."

In ihrem Buch *What on Earth is an Atheist?* (dt. etwa: *Was in aller Welt ist ein Atheist?*) schreibt Madalyn Murray O'Hair: „Ich bin Atheistin, und das bedeutet zumindest: Ich glaube nicht, dass es einen Gott gibt, oder irgendwelche Götter, ob in Person oder vom Wesen her, oder ob er, sie oder es sich in irgendeiner Form darstellt."

Robert Blatchford, ein britischer Atheist, bezieht eine Position, die für die meisten Atheisten recht typisch ist:

■■*Ich behaupte, der himmlische Vater ist ein Mythos; dass wir angesichts des Wissens über das Leben und die Welt vernünftigerweise nicht an ihn glauben können. Es gibt keinen himmlischen Vater, der liebevoll über uns, seine Kinder, wacht. Er ist der grundlose Schatten eines sehnsüchtigen menschlichen Traums.*
Ich glaube nicht an einen Gott. Der Glaube an einen Gott wird noch immer allgemein anerkannt ... Doch angesichts der wissenschaftlichen Entdeckungen und

Darstellungen ist ein solcher Glaube heute gegenstands-
los und zutiefst unhaltbar.

Der Theologe Alan Richardson legt dar: „Atheismus im Sinne der Leugnung Gottes ist ein modernes Problem und nur im theistischen Kontext verständlich; ernsthaft zum Vorschein kam er in der Zeit der Aufklärung."[43] Der amerikanische Theologe Harold O.J. Brown meint: „Der Atheismus, wie wir ihn im Westen kennen, ist nicht lediglich ein fehlender Glaube an, sondern vielmehr ein Angriff gegen Gott; nur wo man Gott als wirklich und persönlich ansieht, lässt sich viel Energie in die Rebellion gegen ihn stecken."

Anders ausgedrückt: Ein Atheist ist jemand, der nach der Beschäftigung mit Philosophie, Theologie, Geschichte, Religion, Psychologie, Biologie, Archäologie, Anthropologie, Soziologie etc. meint, er habe schlüssige Beweise dafür gefunden, dass Gott nicht existiert. Er hat den himmlischen Thron inspiziert und ihn leer vorgefunden!

Es gibt viele Formen des Atheismus im philosophischen Dschungel des zwanzigsten und einundzwanzigsten Jahrhunderts. Da ist der mythologische Atheist, der dialektische Atheist, der semantische Atheist und der traditionelle Atheist. Am weitesten verbreitet ist der traditionelle Atheismus, dessen Ansichten für alle, die an Gott glauben, eine ernsthafte Herausforderung darstellen.

Das Dogma des Atheismus

Es gibt keinen Gott.
Es gibt keine objektive Wahrheit.
Es gibt keinen Vernunftgrund.
Es gibt keine absoluten moralischen Werte.

Es gibt keinen höchsten Wert.
Es gibt keinen höchsten Sinn.
Es gibt keine ewige Hoffnung.

■■■ Nietzsche, Sartre & Co. – Führende Vordenker des Atheismus

Jede Religion hat ihre Apostel und Propheten, und der Atheismus bildet da keine Ausnahme. Seine Hohepriester, Prediger und Propheten predigen allesamt aktiv den Glauben des Atheismus in jedem Land rund um den Globus.

Die Beliebtheit des Atheismus heute ist großenteils zurückzuführen auf Aktivitäten atheistischer Philosophen, Professoren, Lehrer, Verleger, Journalisten etc. Wir haben also Apostel des Atheismus in jedem Lebensbereich.

Der herausragendste Atheist ist gewiss Friedrich Nietzsche (1844–1900), der sich sehr bemühte zu erklären „Gott ist tot". Zu seinen Werken gehören: *Der Antichrist, Also sprach Zarathustra, Jenseits von Gut und Böse, Ecce homo* und *Zur Genealogie der Moral*. In seinem Buch *Die fröhliche Wissenschaft* schreibt Nietzsche:

■■*Das größte neuere Ereignis – dass „Gott tot ist",*
dass der Glaube an den christlichen Gott unglaubwürdig geworden ist – beginnt bereits seine ersten Schatten über Europa zu werfen ... In der Tat, wir Philosophen und „freien Geister" fühlen uns bei der Nachricht, dass der „alte Gott tot" ist, wie von einer neuen Morgenröte angestrahlt; unser Herz strömt dabei über von Dankbarkeit, Erstaunen, Ahnung, Erwartung – endlich erscheint uns der Horizont wieder frei, gesetzt selbst, dass er nicht hell ist, endlich dürfen unsere Schiffe wie-

der auslaufen, auf jede Gefahr hin auslaufen, jedes
Wagnis des Erkennenden ist wieder erlaubt, das Meer,
unser Meer liegt wieder offen da, vielleicht gab es noch
niemals ein so „offenes Meer".[44]

Für Nietzsche bedeutet der „Tod Gottes" den Tod jeglicher absoluten Werte und Moral. Er glaubte, der Mensch könne Sinn und Bedeutung erschaffen, ohne ein transzendentes Wesen zu befragen. Der Mensch ist eigenständig und selbstgenügsam genug, um sich sein eigenes Reich zu schaffen. In einem seiner berühmten Werke entwirft er sich selbst als Irrer; der Tod Gottes führt zum Irrsinn. In seiner endgültigen existenziellen Ablehnung erklärt Nietzsche: „Aber wir wollen auch gar nicht ins Himmelreich: Männer sind wir worden – *so wollen wir das Erdenreich.*"[45]

Der deutsche Philosoph Ludwig Feuerbach hat in vielen seiner Werke dazu beigetragen, die Existenz Gottes anzuzweifeln – vor allem in *Das Wesen des Christentums*, das in akademischen Kreisen weithin noch gelesen wird. Religiöse Vorstellungen sind nach Feuerbach lediglich die Projektion menschlicher Bedürfnisse und Wünsche. Gott ist schlicht die Personifizierung menschlicher Wünsche. Er legt dar:

■■*Der Mensch verlegt sein Wesen zuerst außer sich,*
ehe er es in sich findet. Das eigene Wesen ist ihm zuerst
als ein andres Wesen Gegenstand ... Der geschichtliche
Fortgang in den Religionen besteht deswegen darin,
dass das, was der frühern Religion für etwas Objektives
galt, jetzt als etwas Subjektives, d.h. was als Gott
angeschaut und angebetet wurde, jetzt als etwas
Menschliches erkannt wird.[46]

Zwei andere haben Feuerbachs atheistische Ideen aufgegriffen, nämlich Sigmund Freud (1856–1939) und Karl Marx. Freud wandte Feuerbachs Ideen im psychologischen

Bereich an. Sein Werk *Die Zukunft einer Illusion* legt dar, die Vorstellung von Gott sei nur die Erfüllung von Wünschen, eine infantile neurotische Sehnsucht nach einem kosmischen Tröster. Gott ist eine illusorische Projektion des menschlichen Verstandes, weit entfernt von Wahrheit und Wirklichkeit, und daher wird der erleuchtete Mensch seine Vorstellung von Gott aufgeben und ohne Hingabe an eine Gottheit jenseits des Menschen leben. Freud meint:

██ *Wir sagen uns, es wäre ja sehr schön, wenn es einen Gott gäbe als Weltenschöpfer und gütige Vorsehung, eine sittliche Weltordnung und ein jenseitiges Leben, aber es ist doch sehr auffällig, dass dies alles so ist, wie wir es uns wünschen müssen.*[47]

Marx wandte Feuerbachs Argumente auf die Politikwissenschaft an und meinte, der Mensch suche im Fantasiegebilde Himmel nach dem Übermenschen und habe dort nichts als eine Spiegelung seiner selbst gefunden.

Karl Marx (1818–1883) ist zweifelsohne eine der einflussreichsten Persönlichkeiten der Moderne. Sein Großvater war ein jüdischer Rabbi. Als Marx sechs Jahre alt war, trat sein Vater der Lutherischen Kirche bei. Marx ging später nach Berlin, um Philosophie zu studieren, und geriet unter den Einfluss eines liberal-theologischen Dozenten. Bruno Bauer vertrat die Ansicht, die Evangelien seien historisch nicht verlässlich und lediglich der Fantasie des Menschen entsprungene Ideen und Wünsche. Jesus von Nazareth sei nichts als eine mythologische Figur, eine Erfindung des religiösen Gemüts. In der *Encyclopaedia Britannica* steht:

██ *Marx schrieb sich in Bauers Vorlesung über den Propheten Jesaja ein. Nach Bauers Lehre stand eine neue soziale Katastrophe bevor, „viel durchschlagender" als die des Auftretens des Christentums. Die jun-*

gen Hegelianer bewegten sich rasch auf den Atheismus
zu und redeten auch vage von politischem Handeln.

In der Meinung, Feuerbach habe das letzte Wort über Religion gesprochen, akzeptierte Marx unkritisch dessen Kritik der Religion und wandte sich leidenschaftlich der Politik zu, um den Menschen aus seiner Zwangslage zu befreien. In dem Glauben, die Religion sei der Feind des Menschen, argumentiert Marx:

■■*Der Mensch macht die Religion, die Religion macht nicht den Menschen. Und zwar ist die Religion das Selbstbewusstsein und das Selbstgefühl des Menschen, der sich selbst entweder noch nicht erworben, oder schon wieder verloren hat. Aber der Mensch, das ist kein abstraktes, außer der Welt hockendes Wesen. Der Mensch, das ist die Welt des Menschen, Staat, Societät. Dieser Staat, diese Societät produzieren die Religion, ein verkehrtes Weltbewusstsein, weil sie eine verkehrte Welt sind ... Das religiöse Elend ist in einem der Ausdruck des wirklichen Elendes und in einem die Protestation gegen das wirkliche Elend. Die Religion ist der Seufzer der bedrängten Kreatur, das Gemüt einer herzlosen Welt, wie sie der Geist geistloser Zustände ist. Sie ist das Opium des Volkes. Die Aufhebung der Religion als des illusorischen Glücks des Volkes ist die Forderung seines wirklichen Glücks.*[48]

Arthur Schopenhauer (1788–1860) wies alle traditionellen Beweise für die Existenz Gottes zurück und trat für atheistischen Pessimismus an Stelle von Theismus ein. Sein Einfluss auf Friedrich Nietzsche ist immens, und der miserable Zustand der menschlichen Existenz brachte ihn dazu, Selbstmord als möglichen Ausweg anzuerkennen. Es heißt von Schopenhauer, er habe nachts mit geladenen Pistolen neben seinem Bett geschlafen. Er vertraute keinem Barbier so sehr, dass er ihm den Bart rasieren durfte. Schopenhauer lebte dreißig Jahre lang in einer gemieteten Zwei-Zimmer-Wohnung und hatte keinen Begleiter außer seinem Hund. Sein Vater beging Selbstmord und seine Mutter starb geistig umnachtet.

Auguste Comte (1798–1857), der französische atheistische Philosoph, verabschiedete sich im Alter von dreizehn Jahren von seinem Glauben an die Existenz Gottes und ersetzte ihn durch das Credo „Alles ist relativ". Comte lehnte Gott aus kulturellen und soziologischen Gründen ab. Er wuchs in einem katholischen Elternhaus auf, wo es ständig Streit und Kontroversen gab. Da er nicht in der Lage war, den Druck auszuhalten, verließ er seine Familie und erklärte sich zum Atheisten. Er formulierte die Philosophie des Positivismus auf den Grundannahmen des Atheismus. Er versuchte, den Positivismus als Ersatz für die Religion einzuführen. Colin Brown merkt an:

■■*Sehr zum Missfallen kompromissloser Atheisten wie Nietzsche vertrat Comte eine Religion der Menschlichkeit, in der Gott entthront wurde und die Menschlichkeit, „das große Sein", an seine Stelle trat. Er übernahm zu seinen säkularen Vorhaben sogar katholische Gottesdienstformen, Priester und Sakramente.*

Seine Schriften weisen auf fehlendes theistisches Verständnis und nichtvorhandene Argumente hin.

Bertrand Russell (1872–1970) ist einer der wenigen Philosophen, der von Atheisten häufig zitiert wird. *The Oxford Companion to Philosophy* merkt an, dass Russell „der am häufigsten gelesene Philosoph des Zwanzigsten Jahrhunderts" war. Seine Schriften haben sehr viele Menschen beeinflusst – nicht zuletzt John Lennon von den Beatles.

Obwohl Russell sich immer zu seiner agnostischen Position gehalten hat, wäre es nur gerecht, ihn auf Grund zahlreicher seiner Schriften und seiner allgemeinen Haltung gegenüber Gott zu den Atheisten zu zählen. Russell, der einen christlichen Hintergrund hatte, lehnte Gott ab, nachdem er sich mit dem kosmologischen Beweis beschäftigt hatte. In seinem Werk *Warum ich kein Christ bin* begründet Russell seine Gründe zur Ablehnung der Beweise für die Existenz Gottes so:

Ich muss zugeben, dass ich als junger Mann, als ich diese Fragen sehr ernsthaft erwog, lange Zeit das Argument der ersten Ursache gelten ließ, bis ich eines Tages, im Alter von achtzehn Jahren, John Stuart Mills Selbstbiographie las und darin folgenden Satz fand: „Mein Vater lehrte mich, dass es auf die Frage ‚Wer hat mich erschaffen?‘ keine Antwort gibt, da diese sofort die weitere Frage nahe legt: ‚Wer hat Gott erschaffen?‘“ Wie ich noch immer glaubte, machte mir dieser ganz einfache Satz den Trugschluss im Argument der ersten Ursache deutlich.“[49]

Jean-Paul Sartre (1905–1981), der französische Existenzialist und Literaturnobelpreisträger, verfocht einen Atheismus, der sich auf Nietzsches Existenzialismus gründete. Nach Sartre ist das grundlegende Axiom in der Philosophie nicht das Wesen, sondern die Existenz. „Wenn Gott existiert", argumentiert Sartre, „kann der Mensch nicht frei sein. Doch der Mensch ist frei, und daher kann Gott nicht existieren. Da Gott nicht existiert, sind alle Dinge moralisch zu erlauben."

Daher ist der Mensch „eine leere Luftblase auf einem Meer des Nichts"[50]. Die meiste Zeit seines Lebens glaubte Sartre, „alles Existierende wird ohne Grund geboren, setzt sich durch Schwachheit fort und stirbt durch Zufall ... Es ist bedeutungslos, dass wir geboren sind; es ist bedeutungslos, dass wir sterben."

Sartre gab zu, dass er einst an Gott geglaubt hatte, später jedoch seine religiösen Überzeugungen aufgegeben habe:

   ■■*Ein einziges Mal hatte ich das Gefühl, es gäbe ihn. Ich hatte mit Streichhölzern gespielt und einen kleinen Teppich versengt; ich war im Begriff, meine Untat zu vertuschen, als plötzlich Gott mich sah. Ich fühlte Seinen Blick im Innern meines Kopfes und auf meinen Händen. ...Mich rettete meine Wut: ich wurde furchtbar böse wegen dieser dreisten Taktlosigkeit, ich fluchte ... Gott sah mich seitdem nie wieder an.*[51]*

Unter den zeitgenössischen Atheisten ist Antony G.N. Flew gewiss einer der leidenschaftlichsten. Sein Vater war methodistischer Geistlicher. Sein Werk *God and Philosophy* (dt. etwa: *„Gott und die Philosophie"*) erzielte sowohl unter Philosophen als auch unter Theologen große Aufmerksamkeit. Aufbauend auf David Humes Skeptizismus und Naturalismus tritt Flew für etwas ein, das er „Stratonician Presumption – Stratonische Annahme" nennt. Er beginnt mit der Vermutung des Atheismus und erläutert:

   ■■*Die Vermutung des Atheismus betrifft genau wie die Unschuldsvermutung im Britischen Gewohnheitsrecht die Beweislast. Sie ist keine Annahme, dass etwas der Fall sei, sie ist eine These zur Beweislast. Sie ist der Anspruch, dass wir, wenn wir uns rational über und hinter das Universum begeben wollen zu einer Geschichte über das Übernatürliche und Transzendente, dann einiges an positiver Gutgläubigkeit aufbringen müssen, um an diese Geschichte zu glauben.*

In Anlehnung an den griechischen Philosophen Straton aus Lampsakus vertritt Flew die Auffassung, „dass das Universum selbst die letztgültige Erklärung liefert". Flew, der von einem naturalistischen Universum ausgeht, argumentiert, dass der Theismus dem Maßstab des Naturalismus entsprechen und für eine strenge Form von Empirismus und Fälschung offen sein sollte.

Alvin Plantinga würdigt Flew mit einer Kritik in seinem brillanten Werk *God and Other Minds: A Study of the Rational Justification of Belief in God*. Plantinga schreibt:

██*Die Version, der Flew offenbar anhängt, erwies sich schon sehr früh als unzulänglich. Wie Hempel in einem etwas anderen Zusammenhang darlegt, sollte man annehmen, wenn eine bestimmte Aussage als sinnvoll gilt, trifft das auch auf ihre Verneinung zu. Flews Kriterium erfüllt diese Bedingung nicht: denn (wie Hempel anmerkt) besteht eine allgemein gültige Aussage wie ‚Alle Krähen sind schwarz' den Test, nicht aber ihre existenzielle Verneinung. ‚Es gibt mindestens ein rosafarbenes Einhorn' ist vereinbar mit allen endlichen und konsistenten Mengen von beobachtenden Äußerungen.*

Dieser Aufzählung muss man Namen wie A.J. Ayer, Kai Nielsen, John Mackie, George H. Smith, Wallace T. Matson, Walter Kaufmann, Pierre Bayle, Albert Camus und J.N. Findlay hinzufügen. All diese Männer sind ausgesprochenermaßen Vertreter des Atheismus.

■■■ Die sieben starken Argumente des Atheismus

Eine große Anzahl Atheisten akzeptieren den Atheismus zwar ohne Grund, doch so mancher unter ihnen bekräftigt den Atheismus auf Grund zahlreicher Argumente. Diese Argumente unterscheiden sich voneinander, doch wenden die atheistischen Apologeten Standardargumente an:

1. Die Existenz Gottes ist unvereinbar mit der Existenz des Bösen (Mackie).
2. Gott ist eine Projektion der Fantasie des Menschen (Feuerbach).
3. Da Gott nicht wissenschaftlich nachgewiesen werden kann, kann Gott nicht existieren (Flew).
4. Menschen glauben an Gott, weil sie kulturell konditioniert sind (Freud).
5. Die Vorstellung von Gott ist genauso unsinnig wie die Vorstellung von quadratischen Kreisen (Matson).
6. Wenn Gott die Welt erschaffen hat, wer hat dann Gott erschaffen? (Russell).
7. Da es keinen Beweis für die Existenz Gottes gibt, existiert Gott nicht (Kaufmann).

Kraft dieser Argumente leugnen Atheisten die Existenz Gottes. Diesen Vorbehalten sind allerdings schon eine ganze Reihe christliche Philosophen entgegengetreten. Wir werden auf die oben aufgeführten Argumente kurz eingehen, doch findet der Leser weiterführende Literatur in der Liste im Anhang.

1. Die Existenz Gottes ist unvereinbar mit der Existenz des Bösen.
Dieser Einwand leugnet nicht logisch die Existenz Gottes,

sondern stellt lediglich Gottes Wesen oder seine Handlungsweisen in Frage. Die Existenz des Bösen ist nicht unvereinbar mit der Existenz Gottes. Da gibt es keinen logischen Widerspruch. Um einen Widerspruch herzustellen, muss der Atheist neue Prämissen oder Annahmen einführen. Der Atheist geht auf Grund einer früheren Annahme von einer Weltsicht aus, die er so vorstellt: „Bei Gott dürfte es das Böse nicht geben." Diese Annahme sieht das Ganze im Vorhinein als erwiesen an. (Siehe Kapitel 2.)

2. *Gott ist eine Projektion der Fantasie des Menschen.*
Dieser Einwand, den Feuerbach einführte und Freud weiter verbreitete, entbehrt jeder Grundlage. Das Argument macht sich des genetischen Fehlschlusses schuldig. Beim genetischen Fehlschluss versucht man, eine Ansicht dadurch anzuzweifeln, indem man lediglich zu ihrem Ursprung geht. Man widerlegt einen Glauben nicht einfach dadurch, dass man zu seinen Anfängen zurückgeht und beschreibt, wie der Glaube entstand. Man entkräftet einen Glauben nicht, indem man ihn einfach datiert oder seinen Ursprung erklärt. Der psychologische Einwand ist keine logische Erklärung, sondern ein logischer Trugschluss.

> *Alles Existierende wird ohne Grund geboren, setzt sich durch Schwachheit fort und stirbt durch Zufall ... Es ist bedeutungslos, dass wir geboren sind; es ist bedeutungslos, dass wir sterben.*
> Jean-Paul Sartre

3. *Da Gott nicht wissenschaftlich nachgewiesen werden kann, kann Gott nicht existieren.*
Derjenige, der Gott auf Grund der Wissenschaft zu widerlegen sucht, verfällt dem Trugschluss des Reduktionismus oder der Wissenschaftlichkeit. Gott auf der Grundlage der Wissenschaft

einer Prüfung zu unterziehen heißt, ein falsches Kriterium anzuwenden. Die Wissenschaft ist gut zum Überprüfen einer Reihe von Phänomenen, doch zu suggerieren, Gott müsse in die wissenschaftliche Schablone passen, ist willkürlich und verbohrt. Die Wissenschaft ist sinnvoll zum Überprüfen mancher, aber nicht aller Dinge. Dieser Einwand macht sich auch des kategorischen Trugschlusses schuldig, z.B. „Sag mir, wie Blau schmeckt". Wer argumentiert, alles müsse sich durch die Wissenschaft belegen lassen, ist nicht in der Lage, die Behauptung zu belegen: „Alle Dinge müssen von der Wissenschaft überprüft werden." Wie lassen sich Liebe, Werte, Moral, Logik, Schönheit usw. wissenschaftlich überprüfen?

4. Menschen glauben an Gott, weil sie kulturell konditioniert sind.

Wenn man dieses Argument bis zu seinem logischen Schluss verfolgen würde, würde es nicht nur das Christentum, sondern auch die atheistischen Glaubenssätze widerlegen. Wer diese Annahme verficht, muss damit rechnen, nach diesem Prinzip beurteilt zu werden. Wenn alle Glaubensgrundsätze konditioniert sind, ist der Ungläubige ebenfalls konditioniert, nicht zu glauben. Das ist ein zweischneidiges Schwert, das nicht nur deinen Feind, sondern auch dich umbringt. Die Atheisten können nicht besondere Privilegien einfordern und einer philosophischen Untersuchung entkommen. Zu suggerieren, nur religiöse Menschen hätten Komplexe, hieße eine falsche Psychologie, eine fragwürdige Soziologie und eine unbestätigte wissenschaftliche Theorie anzubringen.

5. Die Vorstellung von Gott ist genauso unsinnig wie die Vorstellung von quadratischen Kreisen.

Dies ist ein Scheinargument. Der Betreffende definiert Gott

willkürlich und subjektiv, dass Gott einem quadratischen Kreis gleichzusetzen ist. Im Wesentlichen heißt das, sich eine Schießbudenfigur aufzustellen: Bei dieser Methode wird die Position des Gegners genau so festgelegt, dass man ihn umschießen kann. Zu suggerieren, Gott sei ein quadratischer Kreis, ist willkürlich. Der Atheist hat keine logische oder erkenntnistheoretische Grundlage für eine solche Annahme.

6. Wenn Gott die Welt erschaffen hat, wer hat dann Gott erschaffen?

Dieser Einwand setzt voraus, dass Gott einen Anfang hatte. Das Argument „Jedes Ding hat eine Ursache, Gott ist ein Ding, also muss Gott eine Ursache haben" ist ein allzu simples Scheinargument. Hier setzt der Atheist subjektiv und willkürlich Gott mit dem Zustand der erschaffenen und endlichen Dinge gleich. Indem der Atheist Gott auf eine Ebene mit der Schöpfung stellt, besteht er darauf, dass auch Gott eine Ursache haben muss. Vom logischen Standpunkt aus hat „jedes Ding, das anfängt, eine Ursache", jedoch nicht wie Atheisten irrational argumentieren: „Jedes Ding muss eine Ursache haben." Nur endliche Wesen und Wirkungen brauchen Ursachen; Gott ist per Definition und vom Wesen her keine Wirkung oder etwas Erschaffenes. Gott ist der nicht erschaffene ewige Schöpfer des Universums. Argumentiert ein Atheist, ein nicht erschaffenes Wesen sei ein Widerspruch, muss er erläutern, wie man die Vorstellung von einem „nicht verursachten Universum" aufrechterhalten kann. Was dem einen recht ist, ist dem andern billig.

7. Da es keinen Beweis für die Existenz Gottes gibt, existiert Gott nicht.

Die logische Erwiderung auf diesen Einwand ist, erst

einmal das Wesen des Beweises zu untersuchen – was einen Beweis ausmacht. Da es darüber, was ein legitimer Beweis sei, jede Menge Disput gibt, müssen wir uns erst des Themas Beweis annehmen. Da Wesen und Existenz Gottes keinem anderen Thema oder keiner Kategorie gleicht, muss man sich unmittelbar einleuchtend an die Existenz Gottes machen. Wenn Gott der Urgrund jeder Realität ist, dann befindet sich das Thema der Existenz Gottes nicht auf derselben Ebene wie das Thema der Existenz endlicher Elemente wie Menschen oder Kartoffeln. Nehmen wir zum Beispiel das Wesen der Luft: Sich über die Existenz Gottes zu streiten ist in gewisser Weise genauso wie über die Existenz der Luft zu streiten, während man atmet. Ist Gott der Erschaffer des Universums, dann ist er die notwendige Vorbedingung für jegliche Realität. Wenn Gott existiert, dann ist er das entscheidende Element für jegliche Existenz. (Siehe Kapitel 1.)

Der christliche Denker Alphonse Gratry schreibt:

■■*Die eigentliche Theorie des Atheismus ... bringt letztendlich eine handfeste Absurdität des Arguments zum Vorschein; was so sein muss, da eine schlüssige Argumentationskette die Hypothese, es gebe keinen Gott, ad absurdum führen muss.*

In Wirklichkeit leugnen Atheisten nicht den Gott der Bibel, sondern ein Götzenbild ihrer eigenen Fantasie.

■■■ Keine Chance für den Atheismus

Ist Atheismus logisch? Kann man wirklich auf logischer Basis Atheist sein? Woher weiß ein Atheist mit Gewissheit, dass es keinen Gott gibt? Auf welcher Grundlage ist Atheismus glaubwürdig? Welchen Beweis gibt es für den Atheismus? Diese Fragen hat man zu beantworten, wenn man gerne Atheist sein möchte.

Es ist trügerisch zu argumentieren, wie manche Atheisten wie Gordon Stein, George Smith, Michael Martin, Michael Scriven und Anthony Flew es tun und sich auf die Vermutung des Atheismus zu berufen. Der Philosoph L. Russ Bush erklärt: „Atheismus ist wie die ,Unschuldsvermutung' im juristischen Sinn. Von ihr muss man ausgehen, bis ,Schuld' (Theismus) ohne jeden Zweifel nachgewiesen ist."

Doch zu denken, der Atheist habe nicht die Beweislast, ist in gewisser Weise so, als wenn man das Spiel ablehnt, aber am Spielende doch auf dem Preis besteht. Der Atheist geht denn auch von falschen Voraussetzungen aus und wird philosophisch selbstgerecht. Der evangelikale Philosoph William Lane Crain stellt richtig fest: „Der Atheismus ist genauso ein Anspruch, etwas zu wissen (,Es gibt keinen Gott') wie der Theismus (,Es gibt Gott'). Daher kann er für sich keine Vermutung in Anspruch nehmen, wenn die Beweislage gleich ist."

Der Atheismus ist im Wesentlichen eine Religion, die sich auf blinden Glauben stützt – man braucht größeren Glauben, um Atheist zu sein. Der Atheist nimmt gläubig an, es gebe keinen Gott, und glaubt ohne jeden Beweis, das Universum sei nicht erschaffen worden. Ohne absolute Werte glaubt er an die Moral. Ohne Grundlage glaubt er an Werte und ohne Gott glaubt er an das Leben. Atheismus ist eine Religion ohne Gott, ein Glaube ohne Grund, eine Reise ohne Ziel. Ein Atheist ist kein Mensch ohne Glauben, sondern einer, der eine Vielzahl von Glaubensgebäuden aufrechterhält. Was Mark Twain sagte, lässt sich auch auf Atheisten übertragen: „Es ist schon verblüffend, was ein Mensch zu glauben vermag, solange es nicht in der Bibel steht."

Als Atheist muss man das Unmögliche akzeptieren, das Lächerliche glauben und dem Absurden trauen.

Vom logischen Standpunkt aus ist es unmöglich, Gottes Existenz zu widerlegen:

Prämisse 1. Die Aussage „Gott existiert nicht" ist eine universelle Verneinung.

Prämisse 2. Doch im Prinzip ist es unmöglich, eine universelle Verneinung zu beweisen.

Folgerung: Daher ist der Atheismus falsch.

Man beachte die Irrationalität der atheistischen Prämisse. Die einzige Möglichkeit für den Atheisten, absolut sicher zu sein, dass es keinen Gott gibt ist, alles über die Realität zu erfahren. Um die Prämisse „Es gibt keinen Gott" aufrechtzuerhalten, muss der Atheist totales Wissen von jeglicher Realität haben. Das würde beinhalten, dass ein Atheist alles Wissen haben müsste, das nur Gott haben könnte. Er muss zu allen Zeiten unendliches Wissen besitzen, überall zur selben Zeit sein und sich aller Dinge absolut sicher sein. Eigentlich muss der Atheist allwissend, allgegenwärtig und allmächtig sein, der Atheist muss also Gott werden, um zu beweisen, dass es keinen Gott gibt. Er muss eben jener Gott werden, den er zu widerlegen versucht. Doch sagt der

> *Es ist schon verblüffend, was ein Mensch zu glauben vermag, solange es nicht in der Bibel steht.*
> Mark Twain

Atheist, es gebe keinen Gott – wie also könnte er seine Position vertreten? Es gibt keine Möglichkeit, wie er seine Sache verfechten könnte.

Betrachten wir folgende Analogie: Damit ich bestätigen kann, dass es in deinem Zimmer keinen Nagel gibt, muss ich dein Zimmer haargenau untersuchen, um zu folgern, dass es in deinem Zimmer keinen Nagel gibt. Es wäre sinnlos zu behaupten, in deinem Zimmer gebe es keinen Nagel, wenn ich nur begrenzte Kenntnisse von deinem Zimmer habe. Also kann die Behauptung, in deinem Zimmer ist kein Nagel, nicht ohne umfassende Kenntnis deines Zimmers getroffen werden. Atheismus fällt in die Kategorie dessen, was die Logiker als „selbstwiderlegende Behauptungen" bezeichnen. J.P. Moreland hebt hervor:

■■*Schafft eine Behauptung es nicht, sich selbst zu erfüllen (d.h. ihren eigenen Kriterien der Stichhaltigkeit oder Akzeptabilität zu entsprechen), ist sie selbstwiderlegend. Solche Behauptungen sind notwendigerweise falsch. Die Fakten, die sie als falsch nachweisen, werden unvermeidlich mit der Behauptung gegeben, wenn sie geäußert wird.*

Er liefert Beispiele wie „Ich spreche kein Wort Deutsch", was selbstwiderlegend ist, wenn es auf Deutsch geäußert wird. Er fügt hinzu: „Die Behauptung ‚Es gibt keine Wahrheiten' ist selbstwiderlegend. Wenn sie falsch ist, dann ist sie falsch. Doch wenn sie wahr ist, dann ist sie ebenso falsch, denn dann gäbe es ja keine Wahrheiten, einschließlich der Aussage selbst." Niemand weiß genug, um ein Atheist zu sein. Es gibt keinen logischen Grund für den Atheismus. Atheismus ist logisch unmöglich. Die Basis, mit der der Atheist seinen Glauben verkündet, ist hohl. Er hat keine Grundlage, Rationalität oder Erkenntnistheorie für seine Leugnung Gottes.

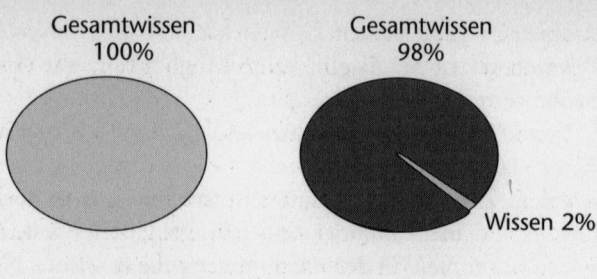

Gesamtwissen
100%

Gesamtwissen
98%

Wissen 2%

Schaubild 1   *Schaubild 2*

Die Schaubilder oben illustrieren diese Wahrheit. Das erste Schaubild stellt das Gesamtwissen jeder Realität dar. Dazu gehört alles, was man nur wissen kann, also einhundert Prozent Wissen. Hier müssen wir die logische Frage stellen: „Wie viel dieses Wissens besitzt der Atheist?"

Sehr wenig! Einstein sagte, er wisse weniger als ein halbes Prozent vom „Gesamtwissen". Seien wir mal großzügig und gestehen dem Atheisten zwei Prozent des Gesamtwissens zu. Das zweite Schaubild stellt das Wissen des Atheisten im Verhältnis zum vorhandenen Gesamtwissen dieser Welt dar. Die nächste logische Frage lautet: „Kann es sein, dass Gott außerhalb des Wissens existiert, das der Atheist besitzt?"

Die Antwort lautet logischerweise ja! Wie kann der Atheist also sagen, es gebe keinen Gott? Er kann logischerweise nicht sagen, es gibt keinen Gott. Ist es da ein Wunder, dass in der Bibel steht: „Menschen, die sich einreden: ‚Gott gibt es überhaupt nicht!', leben an der Wirklichkeit vorbei" (Psalm 14,1)?

Nach einer Universitätsvorlesung sprach mich ein Student an, der erklärte, es gebe keinen Gott. Ich fragte zurück: „Sind Sie sich absolut sicher, dass es keinen Gott gibt?"

„Ja", erwiderte er.

Darauf ich: „Haben Sie absolutes Wissen, dass Sie sich absolut sicher sein können, dass es keinen Gott gibt?"

„Nein!", entgegnete er.

Ich hakte nach: „Dann sind Sie sich also nicht absolut sicher, dass es keinen Gott gibt?"

Seine Antwort lautete: „Ich *glaube*, dass es keinen Gott gibt."

Atheismus ist eine Überzeugung, die auf Glauben basiert. In seinem Buch *What I Believe* (dt. etwa: *Was ich glaube*) gesteht der bekannte Philosoph Bertrand Russell: „Ich gebe nicht vor, beweisen zu können, dass es keinen Gott gibt."

Es ist nicht verwunderlich, dass Nietzsche in seinem Werk *Der Antichrist* ausrief: „Wenn man uns diesen Gott der Christen *bewiese*, wir würden ihn noch weniger zu glauben wissen."[52]

Ein Atheist ist nicht jemand ohne Glauben. Er hat keinen Glauben an Gott, aber setzt seinen Glauben und sein Vertrauen in den Glauben, es gebe keinen Gott. Niemand lebt im luftleeren Raum. Jeder glaubt an irgendetwas. Der Atheist hat sich einem ganzen Glaubenskatalog verschrieben. Er bietet keinen Beweis für seinen Glauben, sondern stellt sich lediglich vor, es gebe keinen Gott, weil Gott den Rahmen seines Denkvermögens sprengt.

Das Gedankengebäude der Atheisten lässt sich durch ein Gleichnis des berühmten Wissenschaftlers Sir Arthur Eddington veranschaulichen. Es geht um einen Fischer, der aus seiner Erfahrung mit einem bestimmten Netz heraus argumentiert, „Kein Meereslebewesen ist weniger als fünf Zentimeter lang". Man schenkte ihm keinen Glauben: Die Leute bestanden darauf, dass eine Menge Meereslebewesen kürzer als fünf Zentimeter sind und nur durch die Löcher in seinem Netz schlüpften. Doch der Fischer ließ sich nicht umstimmen. „Was mein Netz nicht

> *Atheismus ist eine Krankheit der Seele, bevor er zum Irrtum des Verstandes wird.*
> Platon

fängt, ist kein Fisch", beharrte er und warf seinen Gegnern vor, sie hätten vorwissenschaftliche, mittelalterliche und metaphysische Vorbehalte.

Der Atheist begeht den selben Trugschluss. Er beschränkt Gott auf eine bestimmte Verweisstelle und definiert ihn als nicht existent. Das Netz, das der Atheist für gewöhnlich benutzt, ist hoffnungslos grobmaschig – was ich nicht sehen kann, existiert nicht. Was auch immer nicht in meine Sicht der Realität passt (Naturalismus – die sehr eingeschränkte Sicht, die behauptet, jegliche Realität ist bloße Materie und schließt das Übernatürliche aus), ist bedeutungslos. Sein blinder Glaube an den Naturalismus erlaubt nichts Übernatürliches, Transzendentes und Metaphysisches. Genau hier lässt der Atheist Fische durch sein atheistisches Netz entwischen.

Ein eindeutiges Beispiel hierfür gab es in der klassischen Debatte zwischen Bertrand Russell und Frederick Copleston. Russell, der von einer naturalistischen Grundhaltung aus argumentierte, beharrte darauf, Gott sei ein bedeutungsloser Lehrsatz jenseits empirischer Nachweise. Copleston gab eine passende Antwort, die unsere Aufmerksamkeit verdient:

> ■■■*Die Aussage, metaphysische Begriffe seien bedeutungslos, erscheint mir wie eine Aussage, die auf einer angenommenen Philosophie basiert. Dahinter scheint die dogmatische Position zu stecken: Was nicht in meinen Apparat passt, ist nicht-existent, oder es ist bedeutungslos.*

Der Atheist ist eigentlich darum bemüht, Gott wegzuerklären und wegzudefinieren. Gott zu erklären widerlegt nicht notwendigerweise seine Existenz. Das Problem ist: Der Naturalismus ist kein passendes Netz, um die Wirklichkeit aller Realitäten einzufangen. Es sind zu viele

Löcher darin, um viel Wahrheit festzuhalten. Der Naturalismus versagt nicht nur darin, die großen Dinge des Lebens zu erklären, sondern er versagt hoffnungslos darin, selbst die kleinsten Tatsachen des Lebens zu erklären.

Jeder, der die Existenz Gottes zurückweist, muss folgendes Glaubensbekenntnis haben:

Das atheistische „Glaubensbekenntnis"

1. Materie ist ewig.
2. Materie ohne Leben erschuf Leben.
3. Materie ohne Verstand erschuf Verstand.
4. Materie ohne Intelligenz erschuf Intelligenz.
5. Materie ohne moralische Werte erschuf moralische Werte.
6. Materie ohne Gewissen erschuf ein Gewissen.
7. Materie ohne Sinn erschuf Sinn und Ordnung.

Platon hatte Recht: „Atheismus ist eine Krankheit der Seele, bevor er zum Irrtum des Verstandes wird."

Nietzsche sprach sich verwegen gegen seinen religiösen Hintergrund aus: „Aber wir wollen auch gar nicht ins Himmelreich: Männer sind wir worden – *so wollen wir das Erdenreich*."[53]

In G.K. Chestertons Ausspruch steckt viel Weisheit: „Wenn ein Mensch aufhört, an Gott zu glauben, glaubt er nicht an nichts, sondern er glaubt an fast alles." Atheismus ist rational unmöglich. Um Atheist zu sein, muss man:

1. Beweisen, dass es keinen Gott gibt.
2. Alle Beweise für die Existenz Gottes widerlegen.
3. Die Wirklichkeit Christi wegerklären.
4. Den Beweis für die Auferstehung Christi ausräumen.
5. Alle Prophezeiungen der Bibel widerlegen.
6. Aufzeigen, dass die Bibel ein Schwindel ist.
7. Die Glaubwürdigkeit des Atheismus aufbauen.

■■■ Weltweit zu erleben – Der Todeskampf des Atheismus

Vor einiger Zeit begrub man einen Atheisten in seinem wirklich wunderschönen Smoking. Als man das Grab zuschaufelte, kommentierte jemand aus der Trauergemeinde: „Hier ruht ein Atheist, der ausgefertig angezogen ist, aber nirgends hingehen kann."

Atheismus ist eine Reise ohne Ziel, ein Körper ohne Seele, eine Religion ohne Grundlage, Leben ohne Sinn, Glaube ohne Hoffnung und ein Universum ohne Gott.

Die Wahrheit des Atheismus ist der Tod der Wahrheit. Die Abwesenheit Gottes bedeutet logischerweise die Abwesenheit all dessen, wofür Gott steht. Nach Nietzsches Worten ist der Tod Gottes der Tod von Vernunft, Moral, Gutem, Tugend und letztendlich vom christlichen Menschenbild. Wie ein Kollege einmal zynisch erklärte: „Gott ist tot, Marx ist tot, und mir geht es auch nicht besonders gut."

Atheismus ist existenziell unbefriedigend. Sigmund Freud zog den Schluss: „Im Moment, da man nach Sinn und Wert des Lebens fragt, ist man krank."

Nietzsche fand das Leben ohne Gott unerträglich und verfiel schließlich dem Wahnsinn. Er schrieb: „Der Glaube an die Wahrheit beginnt mit dem Zweifel an allen bis dahin geglaubten Wahrheiten."

Jean-Paul Sartre gab zu, dass es bedrückend war, dass Gott nicht existiert, denn das bedeutete, der Mensch steht tragischerweise allein in einem leeren Raum und einem sinnlosen Universum ohne geistiges Zuhause. Jackson Pollock kämpfte mit dem Problem, dass er nicht in der Lage war, nach den Grundsätzen des Atheismus zu leben. Er beklagte, dass es keinen Gott gebe, und stritt dem Leben jeglichen Sinn oder Plan ab. Er wurde seiner Zufallsmalerei überdrüssig und beging Selbstmord.

Albert Camus ließ große Einsicht erkennen, als er schrieb: „Gott zu töten heißt, selber Gott zu werden: Es bedeutet, auf dieser Erde das ewige Leben zu erkennen, wie es im Evangelium steht."

Bertrand Russell sagte: „Ich muss mindestens einen Krimi am Tag lesen, um mich gegen die nukleare Bedrohung zu betäuben."

John Cage vertrat ein atheistisches Universum, das aus purem Zufall existiert, und versuchte nach seiner Zufallsphilosophie zu leben, aber er konnte sie nicht anwenden, wenn er versuchte, es auf sein Hobby, das Pilze sammeln, zu übertragen. Er gesteht ein: „Mir wurde klar, dass ich sehr bald ein toter Mann wäre, wenn ich nach meiner Zufallsmethode Pilze sammeln würde ... Ich entschied mich also, beim Pilzesammeln nicht nach dieser Methode zu verfahren."[54]

In einem bedeutenden Sinn beweist der Atheismus die Existenz Gottes. D.E. Roberts, Professor für Philosophie an der Universität New York, meint: „Sie bieten uns das stärkste Argument *für* Gott, das man sich nur vorstellen kann."

Mit großer Qual beschreibt Nobelpreisträger Samuel Beckett seinen gottlosen Zustand:

■■ *Wie soll ich, ein unzeitiges Wesen, gefangen in Zeit und Raum, meiner Gefangenschaft entrinnen, wenn ich doch weiß, dass jenseits von Raum und Zeit nichts liegt, und dass ich, im tiefsten Grunde meines Daseins, ebenfalls nichts bin?*

Und die verzweifelten Worte Bertrand Russells:

■■ *Dass der Mensch aus Ursachen entstanden ist, die keine Vorsorge für das Ende getroffen hatten, das sie erreichten; dass sein Ursprung, sein Wachsen, seine*

Hoffnungen und Ängste, sein Lieben und Glauben lediglich das Ergebnis zufälliger Atomverbindungen sind; dass kein Feuer, kein Heldentum, keine Intensität von Denken und Fühlen das Leben des Einzelnen über das Grab hinaus bewahren kann; dass alle Mühen aller Zeiten, jede Hingabe, jede Inspiration, jede tageshelle Erleuchtung des menschlichen Geistes dazu bestimmt sind, im riesigen Tod des Sonnensystems zu erlöschen, und dass der gesamte Tempel der Errungenschaften des Menschen unter dem Schutt der Ruinen des Universums unabdingbar begraben werden muss – dass all dies wenn nicht unbestritten, dann doch so beinahe gewiss ist, dass keine Philosophie, die sie zurückweist, hoffen kann zu überdauern. Nur innerhalb dieses Gerüsts an Wahrheiten, nur auf dem festen Grund unbeugsamer Verzweiflung lässt sich nunmehr eine sichere Behausung für die Seele bauen.

Es wäre nicht zu weit hergeholt, eine alte Maxime anzuführen, die den Atheismus im Kern trifft: „Gott existiert nicht, weil seine Existenz meine Weltsicht bedroht."

Der Atheismus bietet keine Antwort auf die fundamentalen metaphysischen Fragen zur Realität des Universums oder der Herkunft des Menschseins. Das Zeugnis von Robert J. Dean, einem Wissenschaftler, bietet einen bemerkenswerten Einblick in die Position des Atheismus:

▪▪*Mein Vater und meine Mutter waren zutiefst religiös. Mein Bruder und ich hatten keine Zeit für Religion. Wir meinten, Religion sei etwas für ältere Menschen, aber wir waren Wissenschaftler und wir dachten, wir hätten unseren Weg gefunden durch das, was wir gerne wissenschaftliche Methoden nannten. Dann kam mein Bruder ums Leben. Mein Vater und meine Mutter hatten noch Ressourcen, und mit diesen*

Ressourcen konnten sie sich diesem erschütternden Verlust stellen. Doch ich hatte überhaupt keine Ressourcen.

Als sein Vertrauen in den Atheismus erschüttert war, beschloss Robert Dean, die Realität Gottes auszuprobieren, und fand zu seiner Erleichterung heraus, dass es Gott wirklich gibt. Es ist vernünftiger, an Gott zu glauben. Denn die Existenz dieses Lebens ist ein Rätsel ohne die Annahme, dass Gott existiert.

Der brillante Schriftsteller und Literaturnobelpreisträger Alexander Solschenizyn

> *Ein wenig Philosophie führt zum Atheismus, tiefe Beschäftigung mit der Philosophie führt zu Gott.*
> Francis Bacon

zog den richtigen Schluss, nachdem er die Folgen des Atheismus beobachtet hatte. In einer Rede an der Harvard Universität bemerkte Solschenizyn:

■■*Wenn ich heute gebeten würde, so kurz wie möglich den Hauptgrund für die verheerende Revolution zu nennen, die etwa 60 Millionen aus unserem Volk das Leben kostete, könnte ich es nicht genauer ausdrücken als zu wiederholen: „Die Menschen haben Gott vergessen; darum ist all das passiert."*

*Wenn Gott jemals Mensch war
oder der Mensch Gott,
dann war Jesus Christus beides.*
Lord Byron

4

WAR DIESER JESUS WIRKLICH GOTT?

Warum an Jesus Christus glauben? Was unterscheidet ihn so von Sokrates, Buddha, Konfuzius und anderen? Können wir uns seiner Existenz sicher sein? Welche Beweise sprechen für seinen Anspruch auf Göttlichkeit? Ist er für die Menschen von heute von Bedeutung? Warum glauben Christen an ihn?

In einer Zeit widerstreitender religiöser Ansprüche fordert kein anderes Thema den Verstand der Menschen mehr heraus als die Authentizität des Gründers des Christentums. Vor ungefähr 2000 Jahren lebte in einer Provinz des Römischen Reiches ein Mann, dessen Leben die gesamte Geschichte der westlichen Welt veränderte. Im Laufe der Jahrhunderte haben Theologen über seine Herkunft diskutiert, Skeptiker haben seine Existenz in Frage gestellt und Philosophen haben mit seinen Lehren gerungen. Auch heute noch ist er Mittelpunkt von Diskussionen, Thema zum Debattieren, Quelle der Inspiration für viele, die seine Lehren befolgen. Aus gutem Grund kann Philip Schaff darlegen:

Jesus von Nazareth eroberte ohne Geld und Waffen mehr Menschen als Alexander, Caesar, Mohammed und Napoleon; ohne Wissenschaft und Lehre trug er mehr zur Einsicht in menschliche und göttliche Anliegen bei als alle Philosophen und Gelehrten zusammengenommen; ohne die Redekunst einer Schule sagte er Worte des Lebens, die weder zuvor noch seither jemals ausgesprochen wurden, und sie hatten Auswirkungen, die ein Redner oder Dichter nie erreichen würde. Ohne eine einzige Zeile zu schreiben, setzte er mehr Schreibstifte in Bewegung und lieferte Stoff für mehr Predigten, Reden, Diskussionen, Kunstwerke, wissenschaftliche Bände und schöne Loblieder, als die ganze Schar großer Menschen damals und heute. Er, der in einer Krippe geboren und als Übeltäter gekreuzigt wurde, beherrscht heute das Schicksal der zivilisierten Menschheit und ein geistliches Reich, das ein Drittel aller Erdenbewohner umfasst.

Welche Auffassung wir auch immer von Christus haben, wir können ihn nicht aus der Geschichte dieser Welt entlassen. Wir mögen ihn ignorieren, doch wir können ihm nicht ausweichen. Wir mögen ihn ablehnen, doch wir können ihm nicht entrinnen. Sein Name steht quer über jeder Seite zeitgenössischer Geschichte. Jedes Mal, wenn wir einen Brief schreiben, erkennen wir seinen Eintritt in unseren Planeten an. Er ist wirklich ein Ärgernis der Geschichte. Der zeitgenössische jüdische Schriftsteller Sholem Asch bemerkt: „Jesus Christus ist die herausragende Persönlichkeit aller Zeiten ... jede Handlung, jedes Wort Jesu ist für uns alle von Bedeutung. Er wurde zum Licht der Welt. Warum sollte ich als Jude nicht stolz darauf sein?"

Jesus von Nazareth ist einzigartig. Es gibt einfach keinen Vergleich, wie John H. Gerstner es so treffend darstellt:

■■*Für den Künstler ist er der Liebreizende. Für den Lehrer ist er der Ausbilder. Für den Philosophen ist er die Weisheit Gottes. Für den Einsamen ist er ein Bruder; für den Besorgten ein Tröster; für den Hinterbliebenen die Auferstehung und das Leben. Und für den Sünder ist er das Lamm Gottes, das die Sünde der Welt wegnimmt.*

■■■ Hat dieser Jesus überhaupt mal existiert?

Eine der erstaunlichen Tatsachen über den heutigen Skeptizismus hinsichtlich der Existenz Christi ist, dass er nicht von Experten für Alte Geschichte kommt, die firm sind in historischen Untersuchungen und alter Historiographie, sondern von Laien. Neuere Theorien der Christologie, wie sie von Angehörigen des Jesus-Seminars wie John Selby Spong, Barbara Thiering, A.N. Wilson und anderen vertreten werden, konnten die historische Betrachtungsweise nicht ersetzen.

Diese Autoren sind bestenfalls sensationsgierig und haben eine blühende Fantasie. Ihre kuriosen Theorien wurden von einer Reihe zeitgenössischer Gelehrter entsprechend widerlegt. Hervorragende Experten für Alte Geschichte wie A.N. Sherwin-White, Sir William Ramsay, Otto Betz, F.F. Bruce, C.F.D. Moule, Ethelbert Stauffer, Theodor Mommsen, Rainer Riesner und viele andere haben ohne jeden Zweifel die Historizität Christi akzeptiert.

Der berühmte Autor und Agnostiker H.G. Wells bezieht sich in seinem berühmten Werk *The Outline of History* auf Jesus und merkt an: „Hier ist ein Mensch. Dieser Teil der Geschichte konnte nicht erfunden sein."

Will Durant, ein ebenso berühmter Agnostiker und emeritierter Professor für Geschichtsphilosophie an der Universität von Columbia, und vielleicht der herausragendste Historiker Amerikas, erklärt in seinem Artikel „Caesar und Christus":

■■*Es wäre ein Wunder, das alle Wunder der Evangelien überträfe, wenn einige einfache Männer im Verlaufe eines Menschenalters eine so machtvolle und faszinierende Persönlichkeit, eine so erhabene Ethik und eine so begeisternde Vision von der Menschenbruderschaft erfunden hätten.*[55]

Der ebenfalls emeritierte Tübinger Professor Otto Betz hebt hervor, dass „man ... aber nicht unter ernsthaften Forschern die Ungeschichtlichkeit Jesu behauptet" hat.[56] F.F. Bruce, ehedem Professor für Kritische Bibelkunde (Professor für biblische Einleitungsfragen, Geschichte und Exegese) an der Universität Manchester, schreibt:

■■*Manche Schriftsteller mögen mit dem Fantasiegebilde des „Christus-Mythos" spielen. Dazu fehlt ihnen aber die Basis historischer Beweise. Die Geschichtlichkeit Jesu ist für einen unvoreingenommenen Historiker*

*ebenso unumstößlich wie die Historizität Julius
Caesars. Wer von einem Christusmythos spricht, ist
kein Historiker.*[57]

Auch sollten wir uns den köstlichen Aphorismus Theodore
Parkers nicht entgehen lassen: „Man braucht einen
Newton, um sich einen Newton zu erdichten. Welcher
Mensch hätte sich einen Jesus zurechtzimmern können?
Kein anderer als ein Jesus."

Selbst ein so ungläubiger Schriftsteller wie James Frazer
bemerkt: „Die Zweifel, die sich um die historische Realität
Jesu ranken, sind meines Erachtens einer ernsthaften
Betrachtung nicht wert." Er folgert: „Der Ursprung einer
großen religiösen und moralischen Reform ist ohne die persönliche Existenz eines großen Reformers nicht erklärbar."

Die Basis des Christentums hängt von der Geschichtlichkeit Jesu Christi ab. In dieser Hinsicht hebt sich das Christentum von allen anderen Religionen ab. Michael Green
hat Recht: „Ist die Geschichtlichkeit Jesu Christi erst
widerlegt, fällt das Christentum wie ein Kartenhaus zusammen."

Die Überzeugung John Stuart Mills verdient unsere
Beachtung:

■■■*Es hat keinen Wert zu behaupten, der Christus, wie
er in den Evangelien dargestellt wird, sei nicht historisch ... Wer seiner Jünger oder deren Neubekehrter
wäre in der Lage gewesen, die Aussprüche zu erfinden,
die Jesus zugeschrieben werden, oder sich das Leben
und das Wesen auszudenken, wie es die Evangelien darstellen? Bestimmt nicht die Fischer aus Galiläa, und
noch viel weniger die ersten christlichen Schreiber.*

Der Beweis für die Existenz Christi ist einfach so unschlag-
bar, dass die Kritiker, die seine Existenz in Frage stellen

wollen, gut daran täten, zuvor die Worte von W.H. Fitchett zu beachten: „Wenn sich jemand daranmacht zu beweisen, dass Christus vor neunzehnhundert Jahren nicht existiert hat, sollte man ihn bitten, einen viel nahe liegenderen Kraftakt zu versuchen. Er soll beweisen, dass Er heute nicht existiert!" Das Wesentliche an der christlichen Botschaft ist das Eintreten des Jesus von Nazareth in die Zeit-Raum-Geschichte. Wie der britische Historiker Herbert Butterfield richtig darlegt: „Und es wäre ein gefährlicher Irrtum, wenn man glauben wollte, dass die Wesenszüge einer geschichtlichen Religion bewahrt werden könnten, wenn der Christus der Theologen und der Jesus der Geschichte auseinandergerissen werden."[58]

Der Dichter und Denker Johann Wolfgang von Goethe erklärte: „Ich halte die Evangelien für völlig authentisch", um anschließend eine große Anzahl Beweise dafür anzuführen.

■■■ Außerbiblische Beweise für Jesus

Säkularisten schenken religiösen Themen selten ernstlich Aufmerksamkeit, und aus säkularen Quellen sollte man sich nicht übermäßig viele Beweise versprechen. Allerdings gibt es entsprechende Beweise säkularer Autoren, um die Geschichtlichkeit Jesu unabhängig von den biblischen Erzählungen zu begründen.

Eines der bedeutendsten Beweisstücke kommt von Plinius dem Jüngeren, dem Verwalter von Bithynien im nördlichen Kleinasien um das Jahr 100 n.Chr. In seinem Schriftwechsel mit Kaiser Trajan macht Plinius Andeutungen auf Christus: „Sie hatten die Gewohnheit, sich an bestimmten Tagen vor Morgengrauen zu treffen, dann sangen sie eine Hymne zu Ehren Christi wie zu Ehren eines Gottes. Durch einen feierlichen Eid (sacramentum) verpflichteten sie sich, keine schlechte Tat zu begehen ..."[59]

Ein Syrer namens Mara Bar-Serapion, der um 70–150 n.Chr. lebte, schrieb seinem Sohn Serapion einen Brief, der im British Museum aufbewahrt wird. Er erkennt die Existenz Jesu an. An einer Stelle heißt es in dem Brief: „Was profitieren die Juden davon, dass sie ihren weisen König hinrichteten? Kurz danach wurde ihr Königreich total zugrunde gerichtet."[60] Cornelius Tacitus, der berühmte römische Verwalter Kleinasiens um 112 n.Chr., legt seine Erkenntnis der Existenz Christi dar: „Dieser Name stammt von Christus, den der Prokurator Pontius Pilatus unter der Herrschaft des Tiberius zur Todesstrafe verurteilt hatte ..."[61]

Der römische Historiker Sueton (um 120 n.Chr.) bringt in seinem Buch *(Leben des Claudius)* einen interessanten Hinweis auf die Tatsache der Existenz Christi: „Er verjagte die Juden aus Rom, die auf Anstiften von Chrestus nicht aufhörten, Unruhen zu verursachen."[62]

■■■■ Beweis aus jüdischer Quelle

Der jüdische Historiker Flavius Josephus verweist in seinem berühmten Werk *Des Flavius Josephus jüdische Altertümer* (veröffentlicht 93 n.Chr.) mehrmals auf vertraute Personen des Neuen Testaments. Dazu gehören unter vielen anderen Johannes der Täufer, Pilatus, Herodes, Felix, Festus, Hannas, Kaiphas und Jakobus, „der Bruder Jesu". Sein Verweis auf Christus lautet: „Um diese Zeit lebte Jesus, ein weiser Mensch, wenn man ihn überhaupt einen Menschen nennen darf. Er war nämlich der Vollbringer ganz unglaublicher Taten und der Lehrer aller Menschen."[63]

Selbst wenn der soeben zitierte Auszug fragwürdig ist, was haben wir von dem zweiten Verweis zu halten: „Er (Hannas) versammelte daher den Hohen Rat zum Gericht und stellte vor dasselbe den Bruder des Jesus, der Christus genannt wird, mit Namen Jakobus ...“

> *Wenn Leben und Tod des Sokrates die eines Philosophen sind, dann sind Leben und Tod des Jesus Christus die eines Gottes.*
> Jean-Jacques Rousseau

Professor Ethelbert Stauffer von der Universität Erlangen belegt in seinem Buch *Jesus: Gestalt und Geschichte*: „Um 95 spricht Rabbi Elieser ben Hyrkanos in Lydda von den Zauberkünsten Jesu.“[64]

Im jüdischen *Talmud* könnte man zahlreiche Anspielungen auf Jesus finden. Rabbi Elieser sagt: „Bileam schaute auf und sah, dass da ein Mensch war, von einer Frau geboren, der sich erheben würde und sich selber zum Gott machen würde, und die ganze Welt würde irregehen.“ Der jüdische Schriftsteller Joseph Klausner liefert in seinem Werk über Jesus von Nazareth reichlich jüdische Beweise für die Geschichtlichkeit Christi.

Wir müssen F.F. Bruce zustimmen: „Was man auch halten mag von den Belegen aus den Werken früher jüdischer und heidnischer Schriftsteller ... sie bestätigen wenigstens für den, der das Zeugnis der christlichen Schriften ablehnt, dass Jesus eine historische Gestalt ist.“[65]

■■■ Jesus: Wie glaubwürdig sind seine Ansprüche?

Was unterscheidet Christus so sehr von allen anderen Gestalten der Geschichte? Warum ist er so etwas Besonderes für den Christen? Was ist denn an ihm so einzigartig? Mose nahm nicht für sich in Anspruch, Gott zu sein; Paulus war entsetzt, wenn die Menschen versuchten, ihn anzubeten; Konfuzius war verwirrt vom Wesen Gottes; Zarathustra war ein Nachfolger Gottes, niemals Gott selber; Buddha gab sich nie als Gott aus; Mohammed nahm nicht für sich in Anspruch, Allah zu sein, aber Jesus ja – Jesus behauptete, Gott im menschlichen Körper zu sein. Genau das hebt ihn von jedem anderen Menschen ab. C.S. Lewis veranschaulicht mit seiner üblichen Brillanz die radikalen Unterschiede zwischen den Ansprüchen Christi und den Ansprüchen anderer Religionsstifter:

> ■■*Es gibt keine Übergänge vom Christentum zu anderen Religionen und nirgends eine Parallele zu ihm. Wenn Sie zu Buddha gegangen wären und ihn gefragt hätten: „Bist du der Sohn Brahmas?", so hätte er geantwortet: „Mein Sohn, du lebst noch im Tal der Illusion." Wenn Sie zu Sokrates gegangen wären und ihn gefragt hätten: „Bist du Zeus?", so hätte er Sie ausgelacht. Wenn Sie zu Mohammed gegangen wären und ihn gefragt hätten: „Bist du Allah?", so hätte er zuerst seine Kleider zerrissen und Ihnen dann den Kopf abgeschlagen. Wenn Sie Konfuzius gefragt hätten: „Bist du der Himmel?", so hätte er wahrscheinlich geantwortet: „Bemerkungen, die nicht mit der Natur in Einklang stehen, sind geschmacklos."*[66]

John H. Gerstner schreibt:

> ■■*Es stimmt, dass Bronson Alcott einmal zu einem Freund sagte: „Heute ist mir so danach zu sagen, ich und der Vater sind eins." „Ja", entgegnete der Freund, „aber der Unterschied ist: Christus konnte die Welt davon überzeugen, ihm das zu glauben."*

Die meisten Religionsstifter hoben die Bedeutung ihrer Lehren hervor, doch Christus konzentrierte sich auf sich selbst. Er machte klar, dass das ewige Schicksal des Menschen davon abhängt, wie wir ihn betrachten: „Deshalb habe ich gesagt: Ihr werdet in euren Sünden umkommen. Wenn ihr nicht glaubt, dass ich es bin, gibt es keine Rettung für euch" (Johannes 8,24).

Die Ansprüche Christi sind allerdings schwergewichtig. Nur wenige Religionsführer machten dieselben Ansprüche geltend wie Christus. Sie verblüfften viele seiner Jünger, verwirrten viele Religionsstifter und gaben einer ganzen Reihe Gelehrter Rätsel auf. Henry J. Heydt sagte:

Kein Gründer irgendeiner anderen Religion wagte es, auch nur einen Bruchteil der Behauptungen aufzustellen, die der Herr Jesus Christus von sich abgab. Keine Religion hat für ihren Gründer das in Anspruch genommen, was die Christenheit für den Herrn Jesus Christus in Anspruch nimmt. Keinem anderen Religionsstifter ist von den Gründern anderer Glaubensrichtungen so zugejubelt worden wie dem Herrn Jesus Christus.

Sein Anspruch auf Göttlichkeit erhebt ihn über jeden anderen Anspruch. Jesus beanspruchte, was nur Gott haben konnte:

Jesus behauptete:

1. Sünden zu vergeben — Matthäus 9,1-8
2. Die Welt zur richten — Johannes 5,27.30
3. Ewiges Leben zu geben — Johannes 3,16
4. Ohne Sünde zu sein — Johannes 8,46
5. Gegenstand von Glauben zu sein — Johannes 8,24
6. Auf Gebet zu antworten — Johannes 14,13
7. Der Anbetung würdig zu sein — Matthäus 14,33
8. Die Wahrheit zu sein — Johannes 14,6

9. Alle Macht zu haben   Matthäus 28,18
10. Im Wesen eins mit Gott zu sein   Johannes 10,30

In Matthäus 26,63 und Johannes 5,25 wird die Formulierung „Sohn Gottes" verwendet, aber das bedeutet nicht, dass er weniger als eine Gottheit ist, wie manche irrigerweise annehmen. Der Theologe J. Oliver Buswell legt in seiner *A Systematic Theology of the Christian Religion* (dt. etwa: *Systematische Theologie der Christlichen Religion*) dar:

■■Im jüdischen Sprachgebrauch beinhaltete die Formulierung „Sohn des ..." nicht unbedingt eine Unterordnung, sondern vielmehr Gleichheit und Wesenseinheit. Somit hieß Bar Kochba, der 132-135 unter der Regentschaft Hadrians den jüdischen Aufstand anführte, „Sternensohn". Man geht davon aus, dass er diesen Namen annahm, um sich selbst mit eben jenem Stern zu identifizieren, der in 4. Mose 24,17 vorhergesagt wird. Der Name Barnabas bedeutet „Sohn des Trostes" oder auch „der Tröster" (Apostelgeschichte 4,36), Jakobus und Johannes hießen „Boanerges", also vermutlich „Donnersöhne", „Menschensohn" bedeutet, vor allem auf Christus bezogen wie in Daniel 7,13 und durchgehend im Neuen Testament, „Die Verkörperung des Menschen". Wenn Jesus also sagt „Ich bin Gottes Sohn" (Johannes 10,36), erkennen seine Zeitgenossen darin eine Identifizierung mit Gott, eine Gleichstellung mit dem Vater im uneingeschränkten Sinne.

John R.W. Stott schreibt:

■■So eng war sein Verhältnis zu Gott, dass er sagen konnte: „Wer mich sieht, der sieht den Vater (Joh. 14,9). Ihn kennen hieß bei ihm Gott kennen (Joh. 8,19; 14,7); ihn sehen hieß Gott sehen (12,45; 14,9); an ihn

glauben hieß Gott glauben (Joh. 12,44); ihn aufnehmen
hieß Gott aufnehmen (Mark. 9,37); ihn hassen hieß
Gott hassen (Johannes 15,23). Ihn ehren hieß Gott
ehren (5,23).[67]

Jeder vernunftbegabte Mensch wird angesichts dieser Behauptungen auf vier mögliche Schlussfolgerungen kommen:

1. Jesus behauptete, Gott zu sein, wusste aber, dass er es nicht war: Daher war er ein Lügner.
2. Jesus dachte, er wäre Gott, war es aber nicht: Daher war er ein Irrer.
3. Jesus behauptete niemals, Gott zu sein, doch seine Jünger hatten diesen Einfall: Daher ist es eine Legende.
4. Jesus behauptete, Gott zu sein, weil er Gott war: Daher ist er der Herr.

Ernsthaftes Nachdenken über die obigen Behauptungen wird jeden vernünftigen Menschen von Punkt 4 überzeugen. Das Dienen Christi und seine Lehren entsprechen nicht dem Wesen eines Irren. Ein Beispiel hierfür ist die Bergpredigt, die gemeinhin als höchstes Lebensideal gilt, selbst bei nicht-christlichen Autoren.

Sogar diejenigen, die seine Gottheit abstreiten, erkennen ihn als großen Moralprediger an. Selbst so ein berühmter Atheist wie Lord Bobby gesteht ein: „Ich glaube, die Lehren Jesu sind die besten, die der Menschheit jemals geboten wurden."

Das allüberwältigende Zeugnis der Welt lautet, Jesus von Nazareth war ein vollkommener Mensch. In Bezug auf moralische Grundsätze kenne die Welt keine, die den Grundsätzen Christi überlegen wären. Der Historiker W.E.H. Lecky schreibt über das Leben Christi, „dass der einfache Bericht dreier kurzer Jahre aktiven Lebens mehr dazu beigetragen hat, die Menschheit umzugestalten und anzurühren, als all die Abhandlungen der Philosophen und all die Ermahnungen der Moralisten". Wie nämlich hätte er ein großer Moralprediger sein können, wenn er eine Lüge über sein eigentliches Wesen verbreitet hätte? Wenn sich Jesus über den entscheidenden Bereich seines eigenen Lebens getäuscht hätte, hätte er wohl kaum ein großer Moralprediger werden können! Professor A.M. Hunter von der Universität Aberdeen trifft eine bedeutende Feststellung:

> ■■*Kein Sterblicher erhebt einen solchen Anspruch, von dem wir nicht wissen, dass er verrückt ist. Wir kommen zurück auf die Worte des weisen alten „Rabbi" Duncan: „Entweder hat Christus die Menschheit arglistig getäuscht, oder er selber war irregeleitet, oder er war göttlich. An diesem Trilemma führt kein Weg vorbei."*

Jean-Jacques Rousseau fragt: „Kann derjenige, dessen Geschichte in den Evangelien steht, selbst Mensch sein? ... Wenn Leben und Tod des Sokrates die eines Philosophen waren, dann waren Leben und Tod des Jesus Christus die eines Gottes."

Wenn wir Jesus als perfekten Menschen annehmen, dann müssen wir ihn auch als einen Gott annehmen. Aber warum bloß? Darauf antwortet John H. Gerstner treffend:

> ■■*Denn der perfekte Mensch sagt, er ist Gott. Und wenn er nicht Gott ist, kann er auch kein perfekter Mensch sein. Wir verachten den Divine Father (ein sich als Gottheit verehren lassender Guru und Sektenführer) als einen Mensch, der sich für Gott ausgibt, was er nach unserem Wissen nicht ist. Wenn Jesus Christus nicht Gott ist, müssen wir auch ihn verachten, denn er beansprucht für sich noch deutlicher als der Divine Father, dass er Gott ist. Daher müssen wir entweder Christus*

als Gott verehren, oder ihn als Mensch verachten oder bemitleiden.

Betrachten wir das Leben Christi, finden wir keine Anzeichen für eine Geisteskrankheit oder psychische Störung. Die Fakten lassen nicht den Schluss zu, er sei schizophren oder paranoid gewesen. C.S. Lewis fasst das Wesentliche an dem Argument zusammen:

■■■*Ein bloßer Mensch, der solche Dinge sagen würde, wie Jesus sie gesagt hat, wäre kein großer Morallehrer. Er wäre entweder ein Irrer – oder der Satan in Person. Wir müssen uns deshalb entscheiden: Entweder war – oder ist – dieser Mensch Gottes Sohn, oder er war ein Narr oder Schlimmeres. Wir können ihn als Geisteskranken einsperren, wir können ihn verachten oder als Dämon töten. Oder wir können ihm zu Füßen fallen und ihn Herr und Gott nennen.*[68]

■■■ Was spricht für Jesus Christus?

Jeder kann behaupten, er wäre Gott. Aber welche Beweise gibt es, um diese Behauptung zu untermauern? Christus stellte keine leeren Behauptungen über sein Gottsein auf, sondern legte die passenden Beweise vor. Lukas schreibt: „Diesen Männern hat er sich auch nach seinem Leiden und Sterben gezeigt und damit bewiesen, dass er tatsächlich auferstanden ist" (Apostelgeschichte 1,3).

Das Beweismittel Christi ist seine Auferstehung von den Toten. Eben diese Auferstehung unterscheidet Jesus Christus von allen anderen. In diesem bedeutenden Ereignis erkennen wir Christi einzigartige Veranschaulichung seiner

Gottheit. Hierzu schreibt Clark Pinnock: „Wenn es einen Gott gibt, und wenn er uns wissen lassen wollte, dass seine Vollmacht in der Einladung des Evangeliums bestand, hätte er kaum etwas Passenderes tun können als das, was er mit der Auferweckung Christi getan hat."[69]

Ähnlich argumentiert der brillante amerikanische Philosoph Richard L. Purtill:

■■*Wenn ich beanspruche, in irgendeiner Organisation Autorität zu besitzen, dann ist ein starker Erweis meiner Autorität der, dass ich die Regeln zeitweilig außer Kraft setze oder Ausnahmen von üblichen Verfahren mache. Es ließe sich darüber spekulieren, wie ein Gott, der niemals in das Geschehen des Universums eingriffe, eine Botschaft überhaupt noch autoritativ begründen könnte.*[70]

Die Schrift sagt es ganz eindeutig: „Wäre aber Christus nicht auferstanden, so hätte unsere ganze Predigt keinen Sinn, und euer Glaube wäre völlig wertlos" (1. Korinther 15,14). Paul E. Little stellt denn auch richtig dar:

■■*Das höchste Zeugnis des Anspruchs Jesu, Gott zu sein, war seine Auferstehung von den Toten. Fünfmal im Laufe seines Lebens sagte er voraus, dass er sterben müsste. Er sagte ebenfalls voraus, wie er sterben würde, und dass er nach drei Tagen von den Toten auferstehen und seinen Jüngern erscheinen würde.*[71]

Der Apostel Paulus schreibt an die Römer: „Es ist die Botschaft von seinem Sohn Jesus Christus, unserem Herrn ... Dass er aber auch Gottes Sohn ist, dem alle Macht gegeben wurde, beweist seine Auferstehung von den Toten" (Römer 1,3-4).

Ohne Auferstehung gäbe es kein Christentum – Christentum steht und fällt mit der Auferstehung, und eben dieser eine Faktor macht aus dem Christentum etwas Einzigartiges. Der brillante Hochschullehrer James Orr stellt scharfsinnig fest:

■■■*Es lässt sich kein einziges Beispiel für den Glauben an die Auferstehung einer historischen Persönlichkeit wie Jesus anführen: zumindest keins, auf das sich jemals etwas gründete ... Die christliche Auferstehung ist somit eine Tatsache ohne historische Analogie.*

B.B. Warfield merkt an: „Christus selbst legte absichtlich seinen ganzen Anspruch auf den Glauben der Menschen in seine Auferstehung. Als man ihn um ein Zeichen bat, verwies er auf dieses Zeichen als einziges und hinreichendes Beweismittel."

Die Kritiker des Christentums fechten einen aussichtslosen Kampf aus. Das Christentum lässt sich nicht abweisen, und zwar ganz einfach aus dem einen Grund: Wir können die Auferstehung nicht wegdiskutieren. Und genau das schenkte den enttäuschten und desillusionierten Jüngern Mut und Leben. Und genau wegen dieses Ereignisses hat sich das Christentum im ganzen Römischen Reich ausgebreitet und beeinflusst unsere Welt auch heute noch.

Welche Beweise haben wir für die Auferstehung? Wie können wir uns sicher sein, dass Christus von den Toten auferstand? Welcher Beweis spricht für die Auferstehung?

Tatsache 1: Christus starb am Kreuz.
Tatsache 2: Christus wurde ins Grab gelegt.
Tatsache 3: Christi Jünger waren entmutigt.
Tatsache 4: Christi Grab war leer.
Tatsache 5: Christus erschien den Jüngern.
Tatsache 6: Die Jünger wurden verwandelt.
Tatsache 7: Die Jünger verkündeten die Auferstehung.

Der Beweis für die Auferstehung liegt in den drei unanfechtbaren Tatsachen: Das leere Grab, die Erscheinung des Auferstandenen und der Ursprung des Christentums. Sie sind der einschlägige Beweis, dass Christus von den Toten auferstand. Wenn diese Tatsachen stimmen und die alternativen Theorien gegen die Auferstehung unzulänglich sind, dann müssen wir die Auferstehung als historische Tatsache akzeptieren.

Wir stimmen Richard Riss zu: „Mit Sicherheit braucht man mehr Glauben, um entgegen aller Beweise zu meinen, es habe keine Auferstehung gegeben, als zu glauben, es habe sie gegeben."

Dr. Thomas Arnold, Verfasser der berühmten dreibändigen *History of Rome*, Professor für Neuere Geschichte in Oxford und ein Gelehrter, der mit historischen Beweisen vertraut war und der Fakten von Fiktion unterscheiden konnte, schrieb, nachdem er sich mit dem Beweis für Christi Auferstehung befasst hatte: „Ich kenne keine andere Tatsache der Menschheitsgeschichte, die durch bessere und umfassendere Beweise jeglicher Art gestützt wird, soweit es ein unvoreingenommener Forscher als das große Zeichen Gottes versteht: Dass Christus gestorben ist und von den Toten auferstand."

Die treffende Analyse von C.S. Lewis sollte uns berühren:

■■*Wenn es sich ereignet hat, dann war es das zentrale Ereignis in der Geschichte dieser Erde – eben das Ereignis, von dem die ganze Geschichte handelt. Da es nur einmal geschah, ist es nach Humes Maßstäben unendlich unwahrscheinlich. Aber schließlich hat sich die Geschichte dieser Erde auch nur einmal ereignet; ist sie deshalb unglaubwürdig? Daher die Schwierigkeit, die Wahrscheinlichkeit der Inkarnation zu beurteilen – eine Schwierigkeit, die Christen und Atheisten gleicher-*

maßen belastet. Es ist, als frage man, ob die Natur selbst in sich wahrscheinlich sei. Deshalb ist die historische Beweisführung für das tatsächliche Geschehen der Inkarnation leichter als die philosophische Beweisführung für die Wahrscheinlichkeit ihres Geschehens.[72]

Jesus Christus ist die perfekte Offenbarung Gottes. In Christus sehen wir, wie Gott ist. Er ist unser Zugang zur Existenz Gottes, der Sinn des Lebens und die Hoffnung unseres Schicksals. Philip Schaff, Hochschullehrer in Yale, hat Recht wenn er schreibt: „Wenn ich auf diesem Felsen stehe, fühle ich mich gegen alle Angriffe des Unglaubens gefeit. Die Person Christi ist für mich die größte und sicherste aller Tatsachen; so sicher wie meine eigene persönliche Existenz."

Dass Gott sich uns in Raum und Zeit offenbaren sollte, ist zu groß für unser kleines Herz. Dieses einzigartige Ereignis ist zu schön, um wahr zu sein. Es ist einfach unglaublich, dass der Gott des Universums einen solch erbärmlichen Schritt unternehmen sollte, um der Menschheit seine unendliche Liebe mitzuteilen. Das ist Sinn und Botschaft Christi. „Kein Mensch hat jemals Gott gesehen. Doch sein einziger Sohn, der den Vater genau kennt, hat uns gezeigt, wer Gott ist" (Johannes 1,18).

> *Ich sage den Hindus immer, dass sie unvollkommen leben, wenn sie nicht intensiv das Leben Jesu studiern.*
> Mahathma Gandhi

IST DIE BIBEL DAS WORT GOTTES?

Ist die Bibel wirklich das Wort Gottes? Können wir uns sicher sein, dass Gott durch die Bibel gesprochen hat? Woher wissen wir, dass die Bibel wirklich wahr ist? Wieso hat die Bibel mehr Autorität als der Koran oder die Bhagawadgita? Und wie gehen wir daran, ihre Echtheit zu beweisen? Dies sind die drängenden Fragen, denen sich jeder denkende Mensch stellen muss. Hier ist eine Herausforderung, der sich jeder Christ gegenüber sieht, eine Herausforderung, die nicht wegzuleugnen ist. Sie erfordert eine Antwort.

Im Zeitalter von Wissenschaft und Technik kann sich der Mensch von heute nicht den Fragen nach Existenz, Wahrheit, Sinn und Ziel verschließen. Bemerkenswerterweise verblüfft uns die Bibel heute wie kein anderes Buch. Kein anderes Buch hat den Menschen und die Geschichte so beeinflusst wie die Bibel; ihr Einfluss spiegelt sich in den Werken von Dichtern, Staatsmännern, Musikern, Bildhauern und Wissenschaftlern. Von Shakespeare bis Heine und Ernst Barlach schimmert die Bibel durch. Kein anderes altes Buch wurde über einen so langen Zeitraum so oft wieder und wieder veröffentlicht wie die Bibel. Kein anderes Buch hat einen solchen Wandlungsprozess durchgemacht und hat sich dennoch als so bemerkenswert genau herausgestellt wie die Bibel.

Die Bibel ist mit keinem anderen Buch der Welt gleichzusetzen. Ihre Geschichte sticht hervor, ihre Botschaft ist substantiell, ihr Einfluss unvergleichlich, ihre Einheitlichkeit erstaunlich und ihre Genauigkeit bemerkenswert. Wie lässt sich ihre Einzigartigkeit erklären? Ist sie ein Schwindel oder lediglich ein Zufall?

Die Bibel ist viel zu komplex, um die letzten Möglichkeiten zu akzeptieren! Jean-Jacques Rousseau, ein französischer Philosoph, sagt über die Bibel: „Ich muss gestehen, dass mich die Erhabenheit der Schrift erstaunt ... wäre sie die Erfindung von Menschen gewesen, wäre diese Erfindung größer als die größten Helden."

Betrachten wir einmal Folgendes:

1. Das erste gedruckte Buch der Welt war eine Bibel: die Gutenberg-Bibel.
2. Das teuerste Buch der Welt ist eine Bibel: die Gutenberg-Bibel.
3. Eines der teuersten Manuskripte der Welt ist das Sinaiticus-Manuskript der Bibel.
4. Das längste Telegramm aller Zeiten ist die überarbei-

tete Fassung des Neuen Testaments, das von New York nach Chicago gesandt wurde.

5. Das meistverkaufte Buch ist Jahr um Jahr die Bibel.
6. Kein Buch ist in so viele Sprachen übersetzt wie die Bibel.

Die Bibel wurde über einen Zeitraum von 1 500 Jahren von über vierzig verschiedenen Autoren aus unterschiedlichen Lebensbereichen und über vierzig Generationen hinweg geschrieben: z.B. von Mose, einem politischen Anführer; Amos, einem Hirten; Salomo, einem geschickten König; Lukas, einem Arzt, Matthäus, einem Steuereintreiber; Petrus, einem Fischer.

Sie entstand auf drei Kontinenten: Asien, Afrika und Europa. Sie wurde in drei Sprachen geschrieben: Hebräisch, Aramäisch und Griechisch. Sie wurde an unterschiedlichen Orten geschrieben: von Mose in der Wüste; von Daniel in einem Palast; von Jeremia in einem Kerker; von Paulus in einem römischen Gefängnis; von Lukas unterwegs auf Reisen.

Die Bibel wurde zu verschiedenen Zeiten geschrieben: David schrieb in Kriegszeiten; Salomo in Friedenszeiten. Sie wurde in verschiedenen Stimmungslagen geschrieben: Manche Autoren schrieben himmelhochjauchzend, andere zu Tode betrübt.

Die Heilige Schrift ist ein erstaunliches Buch. Angesichts ihrer Einzigartigkeit ist sie tatsächlich ein Wunderwerk; kein anderes Buch kommt an sie heran.

Dr. Bernard Ramm stellt denn auch treffend fest:

■■*Tausend Mal wurde schon das Totengeläut für die Bibel angestimmt, zum letzten Geleit angesetzt, die Inschrift schon in den Grabstein gehauen und die Grabrede gehalten. Doch irgendwie bleibt der Leichnam nie liegen.*

Kein anderes Buch wurde so auseinander genommen,
zerlegt, untersucht, erforscht und verunglimpft. Welches
Buch der Philosophie, Religion, Psychologie oder klas-
sischer oder moderner Belletristik wurde jemals so von
allen Seiten beschossen wie die Bibel? So giftig und
skeptisch? So gründlich und belesen? Kapitel-, zeilen-
und satzweise?
Die Bibel wird nach wie vor von Millionen Menschen
geliebt, gelesen und erforscht ... Sie ist auch heute noch
das meistveröffentlichte und –gelesene Buch der Weltli-
teratur.

Die Bibel berührt eine Vielzahl kontroverser Themen wie
beispielsweise Menschsein, Sinn des Universums, Wesen
des Glücklichseins, Möglichkeiten zur Erlösung, Hoffnung der Welt etc. Trotz ihrer Vielfältigkeit gibt es nur
eine Geschichte, ein Thema, eine Lösung und einen Erlö-
sungsplan für die Menschheit. Nachdem sich Don Stewart mit der Einzigartigkeit der Bibel befasst hatte, merkt
er an:

■■*Wie lässt sich das erklären? Durch die Tatsache,*
dass hinter allen Büchern der Bibel ein Verfasser steckt:
Gott selbst. Die Einheit der Bibel ist nur ein einzigarti-
ges Merkmal, das sie von allen anderen jemals geschrie-
benen Büchern abhebt.

Werner Keller, vormals Atheist, tat sich sehr schwer zu
glauben, die Bibel sei Gottes Wort. Aber schließlich fand
er doch zu diesem Glauben. In seinem Bestseller *Und die*
Bibel hat doch recht kommt er zu folgender Einschät-
zung:

■■*Angesichts der überwältigenden Fülle der authenti-*
schen und gesicherten Forschungsresultate drängte sich
mir im Hinblick auf die zweifelnde Kritik, die vom

Jahrhundert der Aufklärung an bis heute der Bibel
Abbruch tun möchte, immer wieder der eine Satz auf:
Und die Bibel hat doch recht![73]

Für die Bibel sprechen nicht nur ihre Einzigartigkeit, sondern auch fünf triftige Gründe, die jenseits aller berechtigter Zweifel beweisen, dass die Bibel das Wort Gottes ist.

■■■ Von der Vernunft geleitet

Beim Betrachten der Bibel sind wir logisch auf zwei Alternativen begrenzt. Entweder die Bibel ist ein wertloser Schwindel, oder sie ist in Wahrheit das Wort Gottes. Sie ist entweder Menschenwort, oder eine Offenbarung von Gott. Eine andere Alternative gibt es nicht.

Jeder Mensch hat ein Urwissen an Autorität, das zur Ursache für die Wirkungsweisen ihres oder seines Denkens und Lebens wird. In manchen Fällen ist dieses Urwissen höchst komplex, denn es besteht aus mehreren Dingen, und allzu häufig sind sich die Menschen nicht bewusst, dass sie so etwas wie ein Urwissen über Gott besitzen. Doch ausnahmslos jeder besitzt eines.

Über die Jahrhunderte waren die Hauptfragen des Menschen immer: „Warum bin ich hier?", „Woher komme ich?" und „Wohin gehe ich?" Nur ein unendlicher Gott kann unsere drängendsten Lebensfragen beantworten. Ohne göttliche Offenbarung ist die Wahrheitssuche des Menschen ein hoffnungsloses Unterfangen. Ohne Botschaft von Gott ist das Leben des Menschen ein unergründliches Rätsel, die Existenz des Menschen ein dunkles Geheimnis, und der Tod ein schlechter Scherz. Der Psychoanalytiker Carl G. Jung stellt richtig dar, dass sich menschliches Denken die letzte Wahrheit gar nicht auszudenken vermag, um einem Patienten das zu geben, was er zum Leben braucht. Ohne göttliche Offenbarung kann man niemals die Lehren der Vergangenheit, den Sinn der Gegenwart und die Richtung für die Zukunft verstehen. Wenn die Bibel, logisch ausgedrückt, nicht von Gott ist, können wir uns auf ihren Inhalt weder verlassen, noch Hoffnung oder Trost aus ihren Versprechen schöpfen.

Der Mensch braucht eine göttliche Offenbarung, doch die kann nur von Gott kommen. Die Natur ist als Ratgeber für die Existenz des Menschen unzulänglich. Für unendliche Wahrheit braucht man ein unendliches Wesen. Wir brauchen absolute Wahrheit, um uns absolut sicher zu sein, doch der Mensch ist endlich und beschränkt, kann also weder als Autorität für die letztgültige Wahrheit gelten, noch sich ihrer Erkenntnis rühmen. Gibt es keine absolute Wahrheit oder verbindliche Autorität, an die wir uns wenden könnten, sind wir nicht verpflichtet, irgendetwas zu tun!

Nur Gott ist in der Lage, mit absolutem Wissen auf die Bedürfnisse des Menschen zu reagieren. R.C. Sproul macht die kluge Bemerkung: „Nur Gott kann uns eine ewige Perspektive schenken und mit absoluter und letztgültiger Autorität zu uns reden."

Diese Auffassung wird eloquent von keinem Geringeren als Ludwig Wittgenstein vertreten, dem vielleicht angesehensten Philosophen des Zwanzigsten Jahrhunderts, und zwar in seinem bemerkenswerten Werk *Tractatus Logico-Philosophicus*: „Wenn es einen Wert gibt, der Wert hat, so muss er außerhalb alles Geschehens und So-Seins liegen. Denn alles Geschehen und So-Sein ist zufällig."[74]

> *Ein Mensch, der sich der Bibelkenntnis beraubt hat, hat sich des besten beraubt, das es auf der Welt gibt.*
> Woodrow Wilson

Ferner schreibt er: „Es ist klar, dass sich die Ethik nicht aussprechen lässt. Die Ethik ist transcendental."[75] Diese treffende Bemerkung fordert John W. Montgomery zu folgendem Kommentar heraus:

■■*Die logische Konsequenz ist, dass die einzig mögliche Antwort auf die Frage des Menschen nach dem letzten Sinn der Geschichte und nach einer absoluten ethischen Norm in einer Offenbarung jenseits der Welt liegen müsste. Existiert eine solche Offenbarung nicht, bleibt der Mensch aus logischer (nicht nur praktischer) Notwendigkeit heraus für immer an seine kulturellen Relativitäten gebunden, für immer in Unwissenheit über den Sinn des Lebens. Doch wenn eine solche Offenbarung existiert, bringt sie die Welt durcheinander – wiegelt, wie man das von den ersten Christen behauptete, die ganze Welt auf (Apostelgeschichte 17,6).*

Wohin können wir uns wenden, um die Frage nach Wahrheit, Sinn des Lebens und dem Problem Menschsein zu beantworten? So schlau die Menschen auch sind, haben sie doch nie eine letztgültige Antwort auf die Frage nach ihrer Existenz gefunden, ihrem Leben einen Sinn verleihen können oder einen Pfad durch den Nebel von Unglücklichsein, Unsicherheit und ungenanntem Elend der menschlichen Existenz erkundet. Wie Sproul so passend meint:

■■*Der beste Geograf der Welt kann uns nicht den Weg zu Gott zeigen, und der beste Psychiater kann uns keine letztgültige Antwort auf das Problem unserer Schuld geben. In der Heiligen Schrift stehen Dinge, die uns das „entschleiern", was dem natürlichen Gang menschlichen Forschens verschlossen bleibt.*

Wenn der Mensch, logisch betrachtet, die Wahrheit Gottes erkennen soll, ist es wichtig, dass Gott dem Menschen seine Wahrheit offenbart. Da nur Gott die absolute Wahrheit hat und alle Dinge bei Gott möglich sind, lässt sich leicht nachvollziehen, dass Gott seine Wahrheit dem Menschen mitteilen kann. Wenn Gott existiert, kann er mit dem Menschen reden. Da der Mensch Gottes Wahrheit braucht, wäre es nur vernünftig, wenn Gott den Menschen mit seiner Wahrheit ausrüsten würde. In jeder anderen Dimension des Seins hat Gott die Bedürfnisse des Menschen erfüllt; was sollte Gott daran hindern, auch unsere größten Bedürfnisse zu stillen?

So kann der Mensch denn auch Gottes Willen nicht ohne Gottes Offenbarung erfahren. Gott, dessen Macht grenzenlos ist, kann sich mit dem Menschen verständigen, und da eine Offenbarung sowohl möglich als auch notwendig ist, sollte man vernünftigerweise davon ausgehen, dass Gott sich dem Menschen offenbart. Nichts spricht aus Vernunftgründen gegen die Möglichkeit einer solchen Offenbarung.

■■■ Der historische Beweis

Wenn die Bibel wirklich Wort Gottes ist, sollten wir erwarten können, dass sie historisch verlässlich ist. Im Gegensatz zu allen anderen Schriften von Weltreligionen ist die Bibel historisch belegbar. Historiker für Historiker hat die Vertrauenswürdigkeit der Schrift anerkannt. Die Verlässlichkeit biblischer Dokumente wird belegt in Standardwerken wie F.F. Bruces *Die Glaubwürdigkeit der Schriften des Neuen Testaments*. Dr. Clark Pinnock, Professor für Bibelauslegung an der McMasters-Universität in Kanada, legt dar:

■■*Kein anderes Dokument aus der Vergangenheit wird von so hervorragenden schriftlichen und historischen Zeugnissen gestützt und bietet eine so herausragende Menge an historischen Daten, auf Grund derer man eine durchdachte Entscheidung treffen kann. Ein ernsthafter Mensch kommt an einer solchen Quelle nicht vorbei. Skepsis gegenüber den historischen Zeugnissen des Christentums basiert auf einem irrationalen Vorurteil.*

Das Wunder der Bibel beruht nicht lediglich auf ihren ethischen Lehren, sondern auf ihren historischen Fakten. Die Bibel beherbergt viele Tatsachen der Geschichte. In Lukas Kapitel drei Vers eins haben wir vierzehn historische Bezüge in einem einzigen Vers:

■■*Es war im fünfzehnten Regierungsjahr (eins) des Kaisers Tiberius (zwei), Pontius Pilatus (drei) verwaltete als Gouverneur (vier) die Provinz Judäa (fünf); Herodes (sechs) herrschte als Fürst (sieben) über Galiläa (acht), sein Bruder Philippus (neun) (als Fürst – zehn) über Ituräa (elf) und Trachonitis (zwölf), und Lysanias (dreizehn) regierte in Abilene (vierzehn);*

Jeder klassische Historiker könnte die historische Richtigkeit der obigen Belegstellen überprüfen. Das bedeutet, die Bibel ist historisch gesichert. Der Historiker Will Durant gibt in seinem bedeutsamen Werk *Caesar und Christus* Kommentare zu den Evangelien ab, die man beachten sollte:

■■*Trotz aller Vorurteile und theologischen Voreingenommenheiten berichten die Evangelisten viele Vorkommnisse, die in gewöhnlichen Dichtungen niemals einen Platz gefunden hätten – das Streben der Apostel nach hohen Stellen in dem Gottesreich, ihre Flucht nach*

der Gefangensetzung Jesu, Petri Verleugnung, Jesu man-
gelnde Bereitschaft, in Galiläa Wunder zu wirken, die
Bemerkungen einiger Zuhörer über die Möglichkeit des
Wahnsinnes bei Jesus ...– niemand, der diese Gescheh-
nisse liest, kann an der Realität der Gestalt, die hinter
ihnen steht, zweifeln.[76]

Der Historiker H.G. Wells erkannte in seinem Werk *The Outline of History* die Evangelien als historische Dokumente an:

■■*Beinahe unsere einzigen Informationsquellen über*
die Person Jesus stammen aus den vier Evangelien, die
mit Sicherheit wenige Jahrzehnte nach seinem Tod exis-
tierten. Hier ist ein Mensch. Dieser Teil der Geschichte
konnte nicht erfunden sein.

Die Bibel ist historisch verlässlich; sie versorgt unseren Glauben mit Fakten. Der Mensch von heute muss nicht ziellos über das Wesen von Christi Existenz spekulieren. Die Bibel hat uns einiges an harten Tatsachen über das Leben zu bieten. „Das Christentum", schreibt Richard Riss, „behauptet, auf mehr als reiner Spekulation zu beruhen, und wenn seine Behauptungen stimmen, sind die Fol-
gen überwältigend."

Die historische Wahrheit der Bibel ist einzigartig. Kein anderes religiöses Buch kann sich mit ihrer Verlässlichkeit oder Authentizität messen. G.B. Hardy schreibt sehr viel-
sagend in seinem köstlichen Buch *Countdown*:

■■*Die überragenden Schriften der Ägypter, Babylonier,*
Griechen und Römer sind angefüllt mit Mythologie,
Aberglaube und Phantasie, und sie weisen zahlreiche
wissenschaftliche Schnitzer auf – sollte es demgegen-
über möglich sein, dass die Bibel fehlerfrei ist? –
Tatsache ist, dass ihr nach vierunddreißig Jahrhunder-

*ten kritischen Studiums kein einziger Irrtum
nachgewiesen werden konnte.*[77]

Ist die Bibel Gottes Wort, darf sie nicht im Widerspruch zu
Gottes Welt stehen. Sprach Gott durch die Bibel, sollte man
erwarten, dass die Bibel exakt über die Fakten und Ereig-
nisse der Geschichte berichtet. Josephus, der jüdische
Historiker und Zeitgenosse Christi, lieferte aussagekräftige
Beweise für die Verlässlichkeit des Neuen Testaments. Sein
Werk *Jüdische Altertümer* bietet reichlich Verweise, Fak-
ten, Zahlen und Personen, wie man sie im Neuen Testa-
ment findet. Dr. F.F. Bruce, ehedem Professor für Kritische
Bibelkunde (Professor für biblische Einleitungsfragen,
Geschichte und Exegese) an der Universität Manchester,
fasst die historischen Beweise zusammen:

> ■■*In den Schriften des Josephus finden sich viele
> Gestalten, die uns aus dem Neuen Testament bekannt
> sind: die bunte Familie des Herodes; die römischen
> Kaiser Augustus, Tiberius, Claudius und Nero;
> Quirinius, den Statthalter von Syrien; Pilatus, Felix und
> Festus, die Prokuratoren von Judäa; die hohepriester-
> liche Familie: Annas, Kajaphas, Ananias und die
> übrigen; die Pharisäer und Sadduzäer usw.*[78]

Angesichts der überwältigenden Beweise stimmen wir
Francis Piper voll zu: „Was der Kirche heutzutage fehlt, ist
nicht ein verlässlicher Bibeltext, sondern der Glaube an den
hinreichend zuverlässigen Text."

Der brillante Neutestamentler an der Universität Princeton, J. Gresham Machen, folgert:

> ■■*Wir wissen, dass die Geschichte des Evangeliums
> wahr ist, und zwar teils auf Grund des frühen Zeit-
> punkts des Erscheinens der Dokumente, der Offenkun-
> digkeit hinsichtlich ihrer Urheberschaft, der innewoh-*

nenden Beweiskraft ihrer Wahrheit sowie der Unmöglichkeit, sie als etwas zu erklären, das auf Trugbildern oder Mythen beruht.

Die alten Manuskripte

Verfasser	Niederschrift	älteste vorhandene Abschrift	Zeitspanne	vorhand. Abschriften
Platon	400 v.Chr.	900 n.Chr.	1.300 Jahre	7
Caesar	100 v.Chr.	900 n.Chr.	1.000 Jahre	10
Aristoteles	300 v.Chr.	1100 n.Chr.	1.400 Jahre	5
Tacitus	100 n.Chr.	1100 n.Chr.	1.000 Jahre	20
Herodot	400 v.Chr.	900 n.Chr.	1.300 Jahre	8
Thukydides	400 v.Chr.	900 n.Chr.	1.300 Jahre	8
Livius	30 n.Chr.	900 n.Chr.	900 Jahre	20
Neues Testament	ab 50 n.Chr.	100 n.Chr.	50 Jahre	5.300

■■■ Gestützt von der Archäologie

Die Genauigkeit der Bibel findet in der wissenschaftlichen Archäologie reichlich Unterstützung. Dr. James H. Jauncey meint: „Die Archäologie ist die Wissenschaft, die die Überreste alter Kulturen untersucht, um die Geschichte dieser Kulturen zu rekonstruieren und ihre Bräuche und Lebensgewohnheiten zu erforschen."[79]

Die Archäologie ist für die Bibel von zweifacher Bedeutung: Erstens liefert sie Belege für die Richtigkeit biblischer Berichte. Zweitens bietet sie tiefere Einblicke und sachliche Informationen zu den biblischen Erzählungen. In der Bibel stehen zahllose Verweise auf historische Ereignisse und Personen. Zu diesen Verweisen gehören Daten, Gebräuche, Menschen, Verhalten, Orte und Städte. Archäologische Forschungen in den Ländern der Bibel haben die Zuverlässigkeit und Geschichtlichkeit der Schrift in zahlreichen Bereichen verblüffend bestätigt. Jeder Teil der Bibel, der sich durch die Archäologie überprüfen ließ, hält jetzt ausgesprochen positive Beweise für die Richtigkeit der Bibel bereit. Der Archäologe Dr. Joseph Free schreibt in seinem Buch *Archaeology and Bible History*: „Die Archäologie hat zahllose Stellen bestätigt, die von den Kritikern als unhistorisch oder den bekannten Tatsachen widersprechend zurückgewiesen wurden." Wir stimmen dem Urteil Jack Cottrells zu:

■■*Durch die Fülle an Daten aus historischer und archäologischer Forschung können wir die historische Genauigkeit der Bibel beurteilen. In allen Fällen, in denen sich ihre Behauptungen so überprüfen lassen, hat sich die Bibel als genau und zuverlässig erwiesen.*

Als die liberale Theologie im neunzehnten Jahrhundert ihre Blütezeit hatte, wurde die Bibel gemeinhin als Buch von Legenden, Mythen und Dichtung behandelt. Viele Personen und Ereignisse wurden als unhistorisch abgetan. Viele liberale Kritiker meinten, die Hethiter hätte es nie gegeben und Abraham sei bloß eine mythologische Gestalt gewesen. Die Kritiker warfen vorwurfsvoll ein, Mose hätte die ersten Bücher der Bibel nicht geschrieben haben können, da das Schreiben damals noch nicht erfunden gewesen sei. Das Johannesevangelium sei angeblich von jemandem aus dem Zweiten Jahrhundert geschrieben worden, der keine Beziehung zu den dargestellten Ereignissen gehabt habe. Die ungläubigen Kritiker waren überzeugt, die Apostelgeschichte sei ein legendenhafter Bericht ohne historischen Grund, der nicht von Lukas verfasst worden sei, sondern von einem unbekannten Schreiber aus dem Zweiten Jahrhundert.

Heute hat die Archäologie den Skeptizismus der Kritiker widerlegt und die Zuverlässigkeit der biblischen Geschichte bestätigt. Kein namhafter Wissenschaftler würde noch die liberale Sichtweise der Kritiker des Neunzehnten Jahrhunderts teilen. Die liberale kritische Sichtweise hat keine historische Grundlage und ist intellektuell auf archäologischer Basis nicht haltbar. Jemand sagte einmal sehr weise, jedes Mal, wenn ein Spaten in die Erde dringt, wird eine liberale Theorie begraben. Der weltweit geachtete Archäologe und Paläograph Dr. William F. Albright von der Harvard Universität stellt ganz richtig dar:

> *Es gibt ein Buch, das so wertvoll ist wie alle anderen Bücher auf der Welt zusammengenommen: die Bibel.*
> Patrick Henry

■■*Der übertriebene Skeptizismus bedeutender historischer Fakultäten des Achtzehnten und Neunzehnten Jahrhunderts gegenüber der Bibel, von denen bestimmte Phasen auch heute noch periodisch auftreten, werden zunehmend angezweifelt.*[80]

Jauncey stimmte dem ganz zu und schrieb: „Fast überall, wo die Bibel aus einer subjektiven oder theoretisierenden Einstellung heraus kritisiert wurde, ist sie inzwischen vom objektiven Befund her gerechtfertigt."[81]

Mit der Bibel als Führer hat der angesehene jüdische Archäologe Nelson Glueck über tausend alte Stätten in Trans-Jordanien und weitere 500 im Negev entdeckt. In einer Besprechung von Kellers Buch *Und die Bibel hat doch recht* in der *New York Times* meint Professor Glueck:

■■Der Rezensent hat viele Jahre mit biblischer Archäologie zugebracht und – gemeinsam mit seinen Kollegen – Entdeckungen gemacht, die im Groben oder im Detail historische Darstellungen in der Bibel bestätigen. Er ist sogar bereit, noch weiter zu gehen und zu sagen, dass niemals eine archäologische Entdeckung gemacht wurde, die historischen Darstellungen der Heiligen Schrift widerspricht oder sie bestreitet.

Die Archäologie hat Kultur und Gebräuche aus Abrahams Zeit bestätigt; sie brachte das große Reich der Hethiter ans Licht, das den Historikern zuvor unbekannt war. Sie hat die Richtigkeit der Schriften des Lukas in jedem Punkt bewiesen, der sich nachweisen lässt. Die klassischen Werke von A.T. Robertson halten diese Erkenntnisse fest. Als junger Professor machte sich Ramsay daran, die Widersprüche zwischen den biblischen Berichten und den tatsächlichen archäologischen Funden aufzudecken. Doch nach jahrelanger archäologischer Forschungsarbeit in Kleinasien und Griechenland musste Ramsay seine Meinung revidieren. Seine Forschung bestätigte die Zuverlässigkeit der Bibel und er fand zum festen Glauben an die Autorität der Heiligen Schrift – und die Beweise wurden so überzeugend, dass er Christ wurde. Ramsay beschreibt seine Überzeugung:

■■Ich bin der Auffassung, dass die Geschichte des Lukas in ihrer Zuverlässigkeit unübertroffen ist ... Man kann die Worte des Lukas auf eine Stufe mit denen anderer Historiker stellen, und sie halten der strengsten Prüfung und den härtesten Verfahren stand.

Norman L. Geisler schreibt: „Hauptsächlich dank der archäologischen Bemühungen des verstorbenen großen Sir William Ramsay wurden die kritischen Ansichten zur

Geschichte des Neuen Testaments über den Haufen geworfen und ihre Historizität anerkannt."

Millar Burrows von der Universität Yale schreibt über die Archäologie und hebt hervor:

■■*Im Großen und Ganzen hat die archäologische Arbeit unbestreitbar das Vertrauen in die Zuverlässigkeit der biblischen Berichte gestärkt. Bei mehr als einem Archäologen wuchs der Respekt gegenüber der Bibel durch seine Erfahrung bei Ausgrabungen in Palästina.*

Donald J. Wiseman, Direktor des British Museum und Spezialist für Archäologie, lässt uns wissen:

■■*Die Geographie der Länder der Bibel und die sichtbaren Überreste des Altertums wurden nach und nach aufgezeichnet, sodass bis heute über 25 000 Stätten in dieser Region und im weitesten Sinne aus den Zeiten des Alten Testaments ausfindig gemacht wurden.*

Erstaunlich, wie solch ein altes Buch so überwältigende Unterstützung von der Archäologie erhält. Der Logik von Dr. Jauncey lässt sich nichts entgegen halten: „Wenn gezeigt werden konnte, dass die Bibel mit diesen rätselhaften Details die Wahrheit sagt, dann ist es sehr unwahrscheinlich, dass sie auch nur in irgendeinem Teil das Werk eines Fälschers ist."[82]

Wenn alle Beweisführungen die Zuverlässigkeit der Bibel veranschaulichen, dann sollten die Behauptungen der Bibel, sie sei von Gott eingegebenes Wort, ernst genommen werden. Sir Frederic G. Kenyon, der berühmte britische Altphilologe, Bibliotheksleiter und über zwanzig Jahre Direktor des British Museum in London, fasste den Beweis zusammen:

■■*Der Christ kann die ganze Bibel in der Hand halten und ohne Furcht oder Zögern sagen, er halte das wahre*

Wort Gottes fest, das im Laufe der Jahrhunderte ohne wesentliche Verluste von Generation zu Generation weitergegeben worden ist.

■■■ Längst vorausgesagt – Weissagungen in der Bibel

Einer der durchschlagendsten Beweise für den göttlichen Ursprung der Bibel ist die bemerkenswerte Anzahl erfüllter Prophezeiungen darin. Die Bibel enthält zahlreiche Voraussagen von Ereignissen, die sich auch erfüllt haben. Die Erfüllung dieser Weissagungen ist schlagender Beweis göttlicher Führung und übernatürlichen Beistands. Gott allein kennt die Zukunft, und er ist als Einziger fähig, bevorstehende Ereignisse vorherzusagen. Bernard Ramm führt aus:

> ■■*Prophetie ist also von Natur aus ein Ausdruck des übernatürlichen Lichtes Gottes. Der Grund dafür ergibt sich aus einer Einsichtnahme in die Fähigkeiten des menschlichen Hirns. Wir dringen in die Vergangenheit mit Hilfe der Historiographie. Wir dringen ins Weltall mit Hilfe des Teleskops und der ergänzenden Wissenschaften, die sich im Umfeld der Astronomie ansiedeln ... doch gibt es keine Kenntnis der Zukunft, die sich in Gewissheit und Genauigkeit mit unserem Wissen vergangener Zeiten und des Weltalls vergleichen lässt.*

Die Bibel selbst macht die Erfüllung von Prophetie zum Prüfstein für ihre eigene Gültigkeit, der Ruf der Bibel steht und fällt also mit der Weissagung. Schätzungsweise machen Weissagungen 34 Prozent des Gesamtinhalts der Bibel aus. Gott selbst ist damit einverstanden, seine Aussagen an der Prophetie zu messen, und lädt andere dazu ein, dasselbe zu tun:

■■*Der Herr, der König Israels, sagt zu den Göttern der Völker: „Jetzt habt ihr Gelegenheit, euch vor Gericht zu verteidigen. Legt eure Beweise vor! Zeigt eure Macht, und lasst uns wissen, was sich alles ereignet. Ihr wisst doch, was in der Vergangenheit geschah. Was hat es zu bedeuten? Erklärt es uns, damit wir es verstehen können! Oder sagt uns jetzt die Zukunft voraus, damit wir sehen, ob es eintrifft. Kündigt an, was einmal geschehen wird, damit wir erkennen, dass ihr Götter seid! ..."*
(Jesaja 41,21-23)

... Ich bin der einzige, wahre Gott. Keiner dieser Götter ist mir gleich. Ich habe von Anfang an vorausgesagt, was geschehen wird; lange im Voraus kündigte ich die ferne Zukunft an. (Jesaja 46,9-10)

Aber es gibt einen Gott im Himmel, der das Verborgene ans Licht bringt. Dieser Gott hat dich ... in die fernste Zukunft blicken lassen ...
(Daniel 2,28)

Die Bibel enthält prophetische Aussagen, die nur Gott offenbaren konnte. Die Bibel liefert uns spezifische Details über das Kommen des Messias.

1. In 1. Mose 3,15 wird der Messias als Nachwuchs der Frau bezeichnet; der Messias wird in eine Menschenfamilie hinein geboren.
2. Nach 1. Mose 22,18 und Galater 3,16 ist der Messias ein Nachkomme Abrahams.
3. Nach 1. Mose 49,9-10 geht der Messias aus dem Volksstamm Juda hervor.

4. Nach 1. Chronik 1,24-27 wird der Messias aus der Linie von Sem hervorgehen.
5. Nach Jesaja 11,1-2+10 wird der Messias als Trieb aus den Wurzeln Davids/Isais hervorgehen.
6. Nach Jesaja 7,14 wird der Messias von einer Jungfrau geboren.
7. Nach Jesaja 9,6-7 und 16,5 wird der Messias ein Nachkomme Davids sein.
8. Nach Micha 5,1-2 wird der Messias in Bethlehem geboren werden.
9. Nach Psalm 22,14-18 wird der Messias gekreuzigt.
10. Nach Psalm 16,9-11 wird der Messias auferstehen.

Nach seiner Auferstehung sagte Christus zu seinen Jüngern: „Erinnert euch daran, dass ich euch oft gesagt habe: Alles, was bei Mose, bei den Propheten und in den Psalmen über mich steht, muss sich erfüllen" (Lukas 24,44). Wir sind ganz G.B. Hardys Auffassung:

■■*Nur ein übernatürlicher Geist kann eine Vorauskenntnis besitzen, die dem natürlichen Geist verborgen ist. Wenn die Bibel daher eine Vorkenntnis von historischen und wissenschaftlichen Tatsachen beweist, wobei jedes Spiel des Zufalls ausgeschlossen ist, dann ist dies wirklich der Beweis des göttlichen „Fingerabdrucks"!*[83]

■■■ Gott zwischen den Buchdeckeln

Ein guter Grund, warum man glauben sollte, dass die Bibel Gottes Wort ist, ist das Zeugnis Jesu Christi. Professor A. Rendle Short stellt ganz richtig dar: „Der ernsthafteste Grund dafür, dass man die Bibel als Wort Gottes betrachten sollte, ist der Respekt, der ihr von Jesus Christus entgegengebracht wird."

Kenneth Kantzer vertrat die Meinung vieler Fachleute, als er schrieb: „Christen halten die Bibel für das Wort Gottes (und für unfehlbar), weil sie davon überzeugt sind, dass Jesus, der Herr der Kirche, daran glaubte und seine Jünger lehrte, daran zu glauben."

Gleichermaßen unterstreicht der britische Schriftsteller John W. Wenham in seinem berühmten Werk *Jesus und die Bibel*: „Für Christus war seine eigene Lehre und die seiner vom Heiligen Geist unterwiesenen Apostel wahr, autoritativ und inspiriert. Für ihn stand fest, dass das, was er oder sie unter der Führung des Heiligen Geistes sagten, Gottes Wort war."[84]

Jesus Christus akzeptierte die Bibel als unfehlbares Wort Gottes. Clark Pinnock hat Recht: „Die Bibel ist nicht unfehlbar, weil sie das sagt – sondern weil Er es sagt. Es gibt kein verlässlicheres Zeugnis für das Wesen der Heiligen Schrift als der, der starb und als unser Erretter wieder auferstand."

Jesus glaubte, Gott habe aus seiner geschriebenen Offenbarung gesprochen – daher ist die Heilige Schrift Gottes Wort (Matthäus 5,18; Johannes 10,34; s. Apg. 4,25; 28,25; Hebräer 10,15). Der Theologe John H. Gerstner meint ganz richtig:

▪▪*Die Augenscheinlichkeit, dass Christus das Alte Testament für inspiriert gehalten hat, ist so überzeugend, dass sie heute sogar nur selten unter jenen umstritten ist, die diese Inspiration selbst nicht akzeptieren, sondern glauben, dass Jesus Unrecht hatte, ein Opfer der „Irrtümer" jener Zeit war.*

Gleichermaßen meint der hervorragende Alttestamentler Edward J. Young: „Jesus Christus hat das Alte Testament nicht nur als organisches Ganzes angesehen, sondern er glaubte auch, dass es sowohl als Einheit als auch in seinen Einzelteilen letztgültig und absolut maßgebend war."

Für Christus ist die Bibel das Wort Gottes. So benutzte er denn auch die Wendung „Das Wort Gottes", wenn er sich auf bestimmte Stellen im Alten Testament bezog. Als Jesus sich die Pharisäer vornahm, warf er ihnen vor, die Gebote Gottes durch ihre eigene Tradition zu ersetzen – sie machten sich also schuldig, „das ausdrückliche Gebot Gottes außer Kraft" zu setzen (Markus 7,13). Als er mit ihnen über seine Behauptung debattierte, Göttlichkeit zu besitzen, zog er die Heilige Schrift als gültige und maßgebliche Autorität heran und fragte sie, ob sie „die Heilige Schrift für ungültig erklären" wollten (Markus 10,35). Christi häufige und ständige Bezugnahme auf die Heilige Schrift ist ein Hinweis auf seine hohe Meinung ihr gegenüber.

Gleichermaßen bemerkt Professor F.F. Bruce in seinem hervorragenden Werk *The Books and the Parchments*:

■■*In vielen Punkten verurteilte Er die jüdische Tradition, nicht jedoch bezüglich der Vorschriftsmäßigkeit der Heiligen Schrift. Er beklagte sich vielmehr darüber, dass sie in der Praxis durch andere Traditionen das Wort Gottes als kanonische Schrift außer Kraft gesetzt hatten.*

Es ist eine historische Tatsache, dass Christus die Heilige Schrift als Wort Gottes anerkannte. „Aber", so die Kritiker, „warum sollte jemand die Autorität Jesu anerkennen?"

„Wenn wir die Worte Jesu anerkennen, warum dann nicht auch die Autorität von Mohammed oder Buddha oder sogar Karl Marx? Wodurch ist Jesus denn so etwas Besonderes?"

Auf diese große Herausforderung haben wir eine hervorragende Erwiderung.

Ganz zu Anfang unserer Diskussion fanden wir bestätigt, dass die Heilige Schrift von führenden Historikern anerkannt zuverlässiges Material ist. Ihre Zuverlässigkeit wird weiterhin von den archäologischen Funden gestützt. Also käme man zu dem logischen Schluss, dass die Heilige Schrift historisch verlässlich ist. Wir könnten vorbringen, dass die Heilige Schrift, die ja zuverlässig ist, Informationen über Jesus Christus bereithält, der behauptete, Gott zu sein, und seine Behauptungen dadurch bewies, dass er von den Toten auferstand. Nur Gott hat die Macht zur Auferstehung; Jesus hatte die Macht zur Auferstehung, also ist Jesus Gott. Was Gott sagt, ist wahr. Jesus, der Gott ist, sagt, die Bibel ist Gottes Wort – also ist die Bibel Gottes Wort.

*Ich glaube an das Christus,
so wie ich glaube,
dass die Sonne aufgegangen ist,
nicht nur, weil ich sie sehe,
sondern weil ich durch sie
alles andere sehe.*
C.S. Lewis

CHRISTENTUM, BUDDHISMUS, HINDUISMUS UND DER ISLAM

Wir leben in einer Zeit des Pluralismus. Nicht-christliche Religionen tauchen in jedem Bereich unserer Gesellschaft auf. Es ist viel Wahres an dem alten afrikanischen Sprichwort „Wer niemals andere besucht, glaubt, Mutter sei die einzige Köchin". Ist das Christentum also eine Religon wie viele andere?

Wenn wir in andere Länder reisen, fernsehen und Zeitung lesen, kommen wir nicht um andere Religionen herum. Die westliche Welt ist nicht mehr monolithisch, sondern pluralistisch. Die Zeiten sind vorbei, als das Christentum für die einzig mögliche Religion für den Westen gehalten wurde. R.D. Clements schreibt in seinem berühmten Werk *God and the Gurus:* „Es ist sehr wahrscheinlich, dass die gesamte westliche Kultur zunehmend von östlichen Ideen beeinflusst wird."

Heute sehen sich die Christen nicht nur der dringenden Notwendigkeit gegenüber, die Gute Nachricht von Jesus Christus zu verkünden, sondern auch der riesigen Aufgabe, die Einzigartigkeit des Christentums inmitten einer Pluralität von Religionen aufzuzeigen.

■■■ Viele Wege, ein Ziel?

Heute geht man allgemein davon aus, dass alle Religionen sowohl grundsätzlich gleich sind, als auch oberflächlich unterschiedlich. Wer diese Auffassung vertritt, der hält es für gleichgültig, zu welcher Religion wir gehören, solange wir irgendwie an irgendetwas glauben. Mahatma Gandhi erklärte: „Meiner Auffassung nach sind alle großen Religionen im Grunde genommen gleich."

Rama Krishna meint: „Es gibt nur eine Wahrheit; aber die Weisen haben verschiedene Ausdrücke dafür."[85]

Diese derzeitige Haltung wurde vehement vertreten von Symmachus[86], als er in seinem klassischen Streitgespräch mit Ambrosius sagte: „Ins Innerste eines so großen Geheimnisses führt nicht ein einziger Weg allein."

„Alle Religionen führen zu Gott; sie sind im Grunde ein und dasselbe und keine Religion kann verkehrt sein", argumentiert der religiöse Relativist heutzutage. Gordon Bailey hat Recht: „Wenn alle Religionen zu Gott führen, wie kommt es dann, dass die meisten, die doch mindestens tausend Jahre Zeit dafür hatten, immer noch nicht angekommen sind?"

Oberflächlich betrachtet mag es ja nett und tolerant aussehen, die Auffassung zu vertreten, alle Religionen seien grundsätzlich gleich, doch tatsächlich führt diese Ansicht zum Tod der Religion. Wir müssen die Ansichten anderer tolerieren und ihnen das Recht zugestehen, ihre eigenen Ansichten zu vertreten, aber wir haben nicht das Recht, im Namen der Toleranz alle sich gegenseitig widersprechenden Auffassungen als gleichermaßen richtig zu erklären. R.C. Sproul meint dazu: „Wir müssen unterscheiden zwischen gleicher Tolerierung nach dem Gesetz und gleicher Gültigkeit nach der Wahrheit."

Die Art von religiöser Toleranz, die sich weigert, die eine Religion als richtig und die andere als falsch zu bezeichnen, zielt an der eigentlichen Wahrheit der Religionen vorbei. Wenn alle Religionen gleich sind, was sind dann die Grundlagen oder Elemente, die alle Religionen zu einer einzigen vereinen?

Angesichts widerstreitender religiöser Ansprüche könnte man entweder die offenbaren Widersprüche unter den Religionen ignorieren, womit man auf nette Art alle Religionen umbringt, oder die großen Unterschiede als nicht wesentlich betrachten. Ein solcher Ansatz bringt Frieden und Toleranz, aber Frieden um welchen Preis? Wir können Frieden erreichen, doch wir werden an der Wahrheit vorbei zielen. Wenn letzten Endes die Wahrheit zählt, können wir sich widersprechende Ansprüche auf Wahrheit nicht ignorieren. H.P. Owen hebt hervor:

■■ *Was die transzendenten Ansprüche auf Wahrheit angeht, bleibt die Frage nach der objektiven Wahrheit.*

Göttliche Wirklichkeit kann also nicht gleichzeitig per-
sönlich und unpersönlich sein. Außerdem kann sie nicht
gleichermaßen gültig nach theistischen und monisti-
schen Gesichtspunkten interpretiert werden. Von
menschlicher Seite aus betrachtet kann unsere letzte
Glückseligkeit nicht sowohl im Erreichen des Nirwana
als auch in der Gemeinschaft mit einem persönlichen
Gott der Liebe bestehen.

Liebe, Lauterkeit, Aufrichtigkeit und Glaube kann nicht
die Grundlage aller Religionen sein. Hitler war aufrichtig
von dem überzeugt, was er tat – und er hatte aufrichtig
Unrecht! Genauso mag es mit den islamischen Attentätern
sein, die sich mit den entführten Flugzeugen ins World
Trade Center und auf das Pentagon stürzten. Eine Hindu-
Mutter mag in liebevoller Absicht ihr Kind der Göttin Kali
opfern, doch ihre Liebe wird das Unheil nicht abwenden.
Man mag glauben, dass die zehn Euro in der Tasche tausend Euro sind, aber der Glaube wird nichts an den Tatsachen ändern. Glaube muss auf Tatsachen beruhen; Aufrichtigkeit und Liebe müssen in Wahrheit begründet sein.
Nur weil wir irgend einen Gott verehren, heißt das noch
lange nicht, dass wir den richtigen Gott verehren, wie Brian
Maiden klar hervorhebt: „Es reicht nicht, Gott zu verehren; wir müssen den Gott verehren, den es wirklich gibt.
Sonst verehren wir Gott überhaupt nicht."
    Wir müssen uns sicher sein, dass das, was wir glauben,
wahr ist, und viel dafür spricht, dass unser Glaube es wert
ist, dass wir uns voll dafür einsetzen. Dr. Vernon Grounds
war nicht auf dem Holzweg, als er schrieb:
    ■■*Wenn eine Religion nicht mit den Fakten der*
    Geschichte und den Erfahrungen der Menschheit in
    Einklang steht; und wenn sie nicht mit der Wahrheit
    Gottes übereinstimmt, einer Wirklichkeit, die allen

Dingen zu Grunde liegt, dann ist diese Religion, wie
aufrichtig ihre Anhänger auch sein mögen, nicht gut
genug.

Es ist nicht arrogant oder unfreundlich, die Wahrheit liebevoll zu übermitteln. Wer nämlich eine falsche Religion als
wahr darstellt, ist grausam zu denen, die auf einem
falschen Wege sind. Wenn jemand im falschen Zug sitzt, ist
es nicht liebevoll, seine Aufrichtigkeit zu bewundern und
ihm zu sagen: „Ist doch egal, was Sie glauben – alle Züge
fahren letztlich irgendwie zum selben Ort. Also, gute
Reise!"

Ein solches Handeln leugnet das eigentliche Wesen von
Liebe und Mitgefühl. Wenn jemand im falschen Zug sitzt,
ist es am liebevollsten, wenn wir ihm freundlich die Wahrheit mitteilen und ihm zeigen, wie er zum richtigen findet.
Wie Michael Green[87] meint:

■■*Christen sind nicht etwa engstirnig oder hart-*
herzig gegenüber anderen Glaubensweisen. Wenn Jesus
allerdings tatsächlich Gott selber ist, wofür die
Auferstehung spricht, dann ist ihn abzuweisen oder gar
ihn zu leugnen die größte Dummheit.

Alle Religionen unterscheiden sich in ihrer Ansicht darüber, wer und was Gott ist. Religionen stellen gegensätzliche
Behauptungen auf. Alle Religionen können nicht gleichermaßen Recht haben, wenn sie alle doch einander wider-
sprechen. Entgegengesetzte Überzeugungen können nicht
beide wahr sein. Wenn alle Religionen einander widerspre-
chen, dann gibt es nur zwei logische Folgerungen: Entweder sie sind alle falsch, oder es gibt nur eine wahre Religion. Wenn es einen wahren Gott gibt, dann muss es einen
wahren Weg zu ihm geben. Wenn Gott den Menschen in
der Heiligen Schrift mitgeteilt hat, wie sie ihm gefallen kön-

nen, und sie sich trotzdem andere Wege suchen, leugneten sie Gottes Wahrheit und missachteten seine Offenbarung. Wir sollten angesichts unserer Sünde und Rebellion so ehrlich sein und nachdenken, nicht warum es nur einen Weg zu Gott gibt, sondern warum es überhaupt einen Weg geben sollte! Professor Zaehner, führender Hindu-Gelehrter, formuliert treffend:

■■■*Daran festzuhalten, dass alle Religionen Wege sind, die zum selben Ziel führen, wie das heute so häufig geschieht, hieße an etwas festzuhalten, das nicht stimmt. Weder auf der dogmatischen, noch auf der mystischen Ebene herrscht Übereinstimmung. Somit ist es nur allzu wahr, dass sich die Grundprinzipien der östlichen und westlichen Denkweise, was in der Praxis bedeutet, der indischen und der semitischen, ich will nicht sagen, unversöhnlich gegenüber stehen; sie gehen einfach nicht von den selben Grundvoraussetzungen aus. Die einzige gemeinsame Grundlage ist, dass die Funktion von Religion ist, Erlösung zu gewähren; überhaupt keine Übereinstimmung besteht darin festzustellen, wovon der Mensch erlöst werden muss. Die großen Religionen reden von entgegengesetzten Zielen.*

■■■ Hinduismus – ein lebensfähiges Glaubenssystem?

Der Hinduismus ist eine der ältesten Religionen der Welt. Er reicht zurück ins Jahr 3000 v.Chr., wobei seine historischen Ursprünge nicht nachzuspüren sind. Er vereint eine Vielzahl von Glaubensrichtungen und Praktiken, und richtigerweise hat man gesagt, der Hinduismus ist mehr eine Kultur als ein Glaubensbekenntnis. Gemäß einem Inder ist er ein Museum an Glaubensrichtungen, ein Gemisch an Riten, oder einfach eine Landkarte, eine geografische Ausdrucksweise. *Hindu* ist das persische Wort für „indisch". Der Hindu-Gelehrte K.M. Sen stellt dar: „Die religiösen Auffassungen der einzelnen Hindu-Schulen sind unterschiedlich und auch ihre religiösen Praktiken gehen auseinander ... so ist der Hinduismus denn auch eine große Fundgrube aller möglichen religiösen Experimente." Kein Geringerer als Radhakrishnan, einer der angesehensten Hindus der Welt, verteidigt den Hinduismus so:

■■*Er gewährt zwar absolute Freiheit in der Welt des Denkens, doch er schreibt einen strengen Verhaltenskodex vor. Der Theist, der Skeptiker und der Agnostiker mögen sich alle Hindus nennen, solange sie das hinduistische System von Kultur und Leben anerkennen ... das Verhalten zählt, nicht der Glaube.*

In einer Hinsicht ist der Hinduismus die Mutter allen östlichen Denkens. Der volkstümliche Hinduismus hat nicht weniger als 330 Millionen Götter. Im Westen lautet die Frage: „Existiert Gott?", doch im Osten lautet sie: „Welchen Gott soll man verehren?"

Welche Hauptströmungen beeinflussen das Leben von Millionen von Hindus? Christopher E. Storrs hebt hervor:

■■*Der Eine und Einzige, die einzige, höchste Wirklichkeit; das Trugbild von dieser Welt; das rastlose Wandern von Geburt zu Geburt; das eherne Gesetz des Karma, das den Status in Gegenwart und Zukunft festlegt; Erlösung oder Moksha – Befreiung von einem Endloskreislauf im Nirwana.*

Im Mittelpunkt des Hinduismus steckt die Vorstellung von „Brahman"; die unpersönliche, die letztgültige Realität, die erhabene Seele des Universums, die alle menschliche

Beschreibung übersteigt. Brahman ist das Einzige ohne ein Zweites. Es gibt nichts als das Eine. Alle Wirklichkeit ist eins: Gott ist alles und alles ist Gott. Der Hindu bekennt: „Diese ganze Welt ist wirklich Brahma. Im Ruhigsein soll der Mensch Es verehren, von dem er kam, in das er sich auflösen wird, in dem er atmet."[88]

Rabindranath Tagore führt aus:

■■*Nach einer gewissen Auslegung der Vedanta-Lehre ist Brahman die absolute Wahrheit, das unpersönliche Es, im dem es keinen Unterschied von Dies und Das gibt, von Gut und Böse, von Schön und seinem Gegenteil. Es hat keine andere Eigenschaft als seine unaussprechliche Glückseligkeit in der ewigen Einsamkeit seines Bewusstseins, das gänzlich aller Dinge und aller Gedanken ledig ist.*[89]

Der Hindu-Philosoph Shankara meint: „Brahman allein ist wirklich, die phänomenale Welt ist unwirklich, ein bloßes Trugbild." Wie auch Jack C. Winslow treffend formuliert:

■■*Brahman übersteigt alle Eigenschaften, einschließlich moralischer. Brahman ist weder heilig noch unheilig, weder liebevoll noch lieblos. Es fehlt im Hinduismus also die moralische Herausforderung, die den Juden und Christen in dem göttlichen Gebot gegeben ist: „Lebt heilig, denn ich bin heilig" ... Moralität gehört zur Welt der Maya, nicht zur Welt der letztgültigen Wirklichkeit.*

Sri Ramakrishna, von vielen bewundert als größter Philosoph des Hinduismus im Neunzehnten Jahrhundert, veranschaulicht treffend die Sicht des Hindu von der letzten Wirklichkeit, die dem Suchenden innewohnt. In einer bekannten Parabel formuliert er es so:

■■*Ein Mann wachte um Mitternacht auf und wollte rauchen. Da er Feuer brauchte, ging er zum Nachbarhaus und klopfte an. Als der Nachbar fragte, was der nächtliche Besucher wolle, antwortete der: „Ich möchte gerne rauchen. Kannst du mir Feuer geben?" Worauf der Nachbar entgegnete: „Mensch, was ist denn mit dir los? Du hast dich hierher bemüht, ganz zu schweigen, dass du mich aufgeweckt hast, um Feuer zu bekommen, wo du doch in deiner eigenen Hand eine brennende Laterne hältst!"*

„Genauso", fährt Sri Ramakrishna mit der Moral fort, „ergeht es dem Menschen auf der Suche nach dem, was schon in ihm wohnt; doch er wandert hierhin und dorthin und sucht danach."

Das Streben des Hindu nach Wirklichkeit lässt sich auch so treffend darstellen:

■■*Warum gehst du auf der Suche nach Gott in den Wald? Er lebt in allem, wiewohl doch immer verschieden: er wohnt auch in dir. Wie der Duft in der Blume, oder das Spiegelbild im Spiegel, so wohnt Gott allem inne; suche ihn daher im Herzen.*

Mahatma Gandhi stellte die Weltsicht des Hinduismus so dar:

■■*Für mich ist Gott die Wahrheit und die Liebe. Gott ist Ethos und Sittlichkeit; Gott ist Furchtlosigkeit; Gott ist die Quelle des Lichts und des Lebens und ist doch darüber und jenseits all dessen. Gott ist das Gewissen.[90] Er ist sogar der Atheismus des Atheisten. Er übersteigt Sprache und Vernunft. Er ist ein persönlicher Gott denen, die seine persönliche Gegenwart brauchen. Er nimmt körperliche Gestalt an für alle, die seine Berührung brauchen ... Er ist alles für alle.*

Im Hinduismus ist Gott nicht vom Menschen getrennt, Gott ist Mensch. Gott ist die eine Realität und der Mensch besitzt keine individuelle Existenz außerhalb der Realität Gottes. Gott ist die Realität, sowohl greifbar als auch ungreifbar, transzendent und immanent, endlos und endlich, geformt und formlos, zeitlich und zeitlos, der jede Definition und Unterscheidung, unsere Klassifizierung von Subjektivem und Objektivem übersteigt.

> *Daran festzuhalten, dass alle Religionen Wege sind, die zum selben Ziel führen, wie das heute so häufig geschieht, hieße an etwas festzuhalten, das nicht stimmt. .... Sie gehen einfach nicht von den selben Grundvoraussetzungen aus.*
> Professor Zaehner, Hindu-Gelehrter.

Die hinduistische Vorstellungswelt ist dem Christentum fremd. Die Vorstellung von einem pantheistischen, überall enthaltenen Gott verursacht dem Verstand eine Menge logischer Schwierigkeiten. Der Pantheist mag darauf hinweisen, dass Gott alle Vernunft übersteigt, und diese Sichtweise weiter vertreten, doch solch ein Glaubenssprung hält weder Trost noch Hoffnung für den suchenden Denker bereit. Wenn alles Gott ist, dann ist Gott in Wirklichkeit nichts. Das Universum Gott zu nennen bewirkt keine einzige Veränderung der Realitäten – vielmehr begehen wir so die intellektuelle Sünde der Wortverdreherei, wenn etwas vorsätzlich zum neuen Leben erweckt wird, indem wir es umbenennen. Benennen wir eine Rose um, bleibt sie dennoch eine Rose.

Wenn alles Gott ist, dann ist Gott sowohl gut als auch böse. Wenn Gott sowohl gut als auch böse ist, besteht kein Unterschied, ob wir jemanden lieben oder umbringen. Wo alles göttlich ist, ist alles gut. Die hinduistische Vorstellung von Gott stellt keine Grundlage für eine religiöse Erfahrung dar. Wenn nur Gott existiert, dann gibt es keine Geschöpfe, die Gott erfahren können, und in diesem Kontext ist Liebe vollkommen unmöglich, denn ein unpersönlicher Gott kann den Menschen nicht lieben. Ian Barbour stellt den Hauptunterschied zwischen Hinduismus und Christentum anhand des Themas Individualität heraus, denn für die Hindus „ist das Selbst als solches das Problem, und der Mensch sollte dem Selbst entrinnen durch Entsagung von allen Wünschen und Gefühlen, oder durch Versenken in das Göttliche". Doch für die Christen, so führt er aus, „ist das Problem eher Ichbezogenheit als Individualität, und die Liebe zu Gott und den Menschen ist die wahre Erfüllung der Individualität". Letztendlich ist das hinduistische Glaubenssystem sehr unzulänglich; einem Menschen, der ernsthaft nach Gott sucht zu sagen, dass er selbst Gott sei, ist wie einem Bettler zu sagen, dass er etwas Essbares ist! Christopher E. Storrs sagt:

> ■■*Welten stehen zwischen dem Hinduismus und dem Glauben der hebräischen Propheten mit ihrer sicheren Gewissheit von Richtig und Falsch und mit ihrer von oben verordneten Intoleranz gegenüber falschem Glauben oder Heuchelei.*

Im Wesentlichen ist der Hinduismus das Bestreben des Menschen, das Transzendente mit der Brillanz seiner Klugheit und Tugend zu erreichen. Es ist ein beachtliches Lob menschlicher Errungenschaften. In Wirklichkeit mag der Mensch die Fragen stellen, doch nur Gott ist groß genug, uns die Antwort zu geben.

Mit dem Hinduismus kann man sich nicht rein waschen von Schuld und Sünde. Ein Sprichwort sagt: „Ich kam nach Allahabad; ich habe mich gewaschen, doch meine Sünden sind mit mir zurückgekommen."

Hinduismus	Metaphysik	Christentum
Pantheismus ◁	*Metaphysik* ▷	Theismus
Unpersönlich ◁	*Gott* ▷	Persönlich
Subjektiv ◁	*Wahrheit* ▷	Objektiv
Göttlich ◁	*Mensch* ▷	Sünder
Relativ ◁	*Ethik* ▷	Absolut
Bemühen ◁	*Rettung* ▷	Gnade
Unwissenheit ◁	*Sünde* ▷	Rebellion

■■■ Buddhismus – die Antwort auf die Fragen des Lebens?

Weltweit gibt es etwa 600 Millionen Buddhisten. Gut 500 Jahre vor Christus wurde der Buddhismus von Siddharta Gautama in Indien begründet, und im Verlauf vieler Jahre verbreitete er sich über verschiedene Teile Asiens. In gewisser Weise ist der Buddhismus eine Abspaltung vom Hinduismus. Der Buddhismus teilt sich grob gesagt in zwei Hauptgruppen: Den Buddhismus, der in China, Japan und Korea eingeführt wurde, bezeichnet man gemeinhin als *Mahayana-Buddhismus*, was „Großes Fahrzeug" bedeutet. Die in Sri Lanka, Burma, Kambodscha, Laos und Thailand praktizierte buddhistische Linie wird *Theravada-Buddhismus* genannt, was „Kleines Fahrzeug" bedeutet. Aus den beiden Hauptgruppen haben sich zahlreiche Sekten und Schulen herausgebildet. Buddha entwickelte seine Lehren im Kontext des Hinduismus, darum bemüht, eine bessere Lösung für das Problem des menschlichen Leidens zu finden. Der buddhistische Gelehrte Shoyu Hanayama merkt an: „Die allgemeinen und grundlegenden Lehrsätze des Buddhismus wurden natürlich von Sakyamuni, dem Gründer des Buddhismus, erläutert, aber sie wurden nicht von Sakyamuni erfunden."

In seinem Buch *The Path of Buddha* lässt uns Kenneth W. Morgan wissen: „Im Buddhismus gibt es nicht so etwas wie einen Glauben an ein Höheres Wesen, einen Schöpfer des Universums, die Wirklichkeit einer unsterblichen Seele, einen persönlichen Retter."

Nach Ninian Smart, dem führenden Experten für vergleichende Religionswissenschaften, ist der Buddhismus „Mystik ohne Gott". H.D. Lewis, ebenso anerkannt für seine Beiträge über vergleichende Religionswissenschaft, schreibt, dass Buddha „jegliche Spekulation über andere elementare Fragen als sinnlose und sogar irreführende Energieverschwendung" abtat. Buddha lehrte die „Vier Edlen Wahrheiten" und den „Achtfachen Pfad", um das Höchste zu erreichen. Er sprach nie über Gott oder über Wege zu ihm. Angesichts dessen ist der Buddhismus eher eine Lebensphilosophie als eine Gottesphilosophie.

Die Vier Edlen Wahrheiten[91]

1. die Wahrheit vom Leiden
2. die Wahrheit von der Entstehung des Leidens
3. die Wahrheit von der Aufhebung des Leidens
4. die Wahrheit vom Weg, der zur Aufhebung des Leidens führt

Der Achtfache Pfad

1. Vollkommene Erkenntnis (richtiges Verständnis von den Lehren Buddhas)
2. Vollkommener Entschluss (zur Wahrheit)
3. Vollkommene Rede (die wahr ist)
4. Vollkommenes Handeln (im Alltag)
5. Vollkommener Lebenserwerb (in der Gesellschaft)
6. Vollkommene Anstrengung (um Erleuchtung zu erlangen)
7. Vollkommene Achtsamkeit (richtige Anwendung des Verstands)
8. Vollkommene Sammlung (um Buddhaschaft zu erlangen)

Der Wunsch jedes Buddhisten ist, frei zu sein von den Problemen des Lebens; frei zu sein von Schmerz und Leiden. Sie sagen: „Wie das Wasser des Meeres nach Salz schmeckt, so schmeckt alles Leben nach Leiden. Alles Dasein ist Leiden."

Ihr Ziel ist ein Losgelöstsein vom Leben. Hanayama erklärt: „Die Existenz des Selbst oder Ego, von der manche Religionen annehmen, es existiere permanent und getrennt vom Körper, wird im Buddhismus vollkommen geleugnet."

D.T. Suzuki erinnert uns: „Anzunehmen, dass es ein Selbst gäbe, ist für ihn der Ausgangspunkt aller Irrtümer und Übel. Nichtwissen ist die Wurzel alles Falschen."[92]

Buddha lehrte, Begehren sei die Wurzel allen Übels. Dasein heißt Leiden und die Antwort auf Leiden ist das Nirwana (Erlöstheit), das durch wiederholte aufeinander folgende Reinkarnation erlangt wird. Daher heißt es im Buddhismus: „Wer hundert liebt, hat hundert Leiden. Wer zehn liebt, hat zehn Leiden. Wer einen liebt, hat ein Leiden. Wer keinen liebt, hat kein Leiden."

Ziel des Lebens ist, das Stadium der Wunschlosigkeit zu erreichen. Wenn wir aufhören zu begehren, haben wir die Last des Lebens abgeworfen. Wie man wunschlos sein kann, ohne sich diese Eigenschaft zu wünschen, ist eine Frage, für deren Beantwortung sich nur wenige die Zeit nehmen.

Gemäß dem Buddhismus steht Gott über jeglicher Beschreibung; daher wäre es angemessen, den Buddhismus zur Kategorie des Agnostizismus zu zählen. Christmas Humphrey, der führende buddhistische Gelehrte, führt denn auch entsprechend aus:

■■*Die buddhistische Lehre von Gott im Sinne einer letzten Wirklichkeit ist weder agnostisch, wie manchmal behauptet wird, noch vage, sondern klar und logisch. Was immer Wirklichkeit sein mag, sie ist jenseits der Auffassungsgabe des endlichen Intellekts; folglich sind Versuche des Beschreibens irreführend, nutzlos und eine Zeitverschwendung. Aus diesen guten Gründen beschritt der Buddha zum Thema Wirklichkeit den Weg des Schweigens. Wenn es eine Kette des abhängigen Entstehens, eine Letzte Wirklichkeit, ein Grenzenloses Licht, ein Ewiges Etwas hinter dem Sichtbaren gibt, muss es eindeutig unendlich, unbegrenzt, ohne Bedingungen und ohne Eigenschaften sein. Wir dagegen sind eindeutig endlich, begrenzt und sind bedingt aus, und in gewisser Weise zusammengesetzt durch unzählige Eigenschaften. Folglich können wir das Wesen des DAS, das unseren begrenzten Verstand übersteigt, weder definieren, beschreiben, noch sinnvoll diskutieren. Man kann es durch Verneinungen andeuten oder durch Gleichnisse und Symbole indirekt umschreiben, doch ansonsten muss es in seinem wahrsten Sinne unbekannt und ungenannt bleiben, da wir es in unserem jetzigen Zustand nicht zu erkennen vermögen.*

Buddha war zwar zutiefst bewegt vom menschlichen Leiden, bot jedoch keine Lösung an, um menschliches Leiden zu lindern. Sein Ethos war, die physische Realität nicht ernst zu nehmen. Realität ist laut Buddha nicht das äußere „Was", sondern das innere „Wie". Weder betrachtete er sich selbst als göttlich, noch bot er Hilfe an außer seiner Lehre. Buddha lehrt: „Der Mensch wird alleine geboren, lebt allein und stirbt allein, und er ganz alleine kann den Weg erleuchten, der ihn zum Nirwana führt." *The Buddha Annual of Ceylon* sagt: „Der Buddhismus ist die Religion, die, ohne mit einem Gott anzufangen, den Mensch in ein Stadium führt, wo Gottes Hilfe nicht notwendig ist."

Weder ist da ein Gott noch ein Retter, der den Menschen bei den Problemen des Lebens helfen kann: Der Mensch muss sich selbst retten.

Ein betender buddhistischer Mönch wurde einmal von einem Christen gefragt, was er da tue. Der Buddhist antwortete: „Ich bete zu niemandem um nichts."

G.K. Chesterton merkt richtig an: „Wir mögen den Buddhismus zwar als Glauben bezeichnen, doch uns kommt er eher wie ein Zweifel vor."

Suzuki schreibt (nicht: G. Parrinder; Anm. d. Übers.): „Immer wenn ich ein Bild des gekreuzigten Christus sehe, muss ich an die tiefe Kluft denken, die zwischen Christentum und Buddhismus liegt ... Der gekreuzigte Christus ist ein schrecklicher Anblick, und ich kann nicht anders, in meiner Vorstellung verbindet er sich mit dem sadistischen Impuls einer seelisch überreizten Phantasie."[93]

Trotz seiner Beliebtheit und Einfachheit bleibt es dem Buddhismus ernstlich versagt, die Grundfragen des Lebens zu beantworten. Alan Watts, der berühmte buddhistische Schriftsteller, beschreibt ganz treffend die buddhistische Antwort: „Die Lösung ist für uns nicht Lösung, sondern nur Lösung via Auflösung."

Es gibt einen grundlegenden Unterschied zwischen dem gelassenen und leidenschaftslosen Buddha der Buddhisten und dem gemarterten Christus am Kreuz der Christenheit. Wie der Philosoph Alfred North Whitehead bemerkt: „Buddha gab seine Doktrin; Christus gab sein Leben."

Der Mensch kann sein eigenes Problem nicht lösen, denn es gibt keine menschliche Lösung für das menschliche Problem. Wie gut der Achtfache Pfad auch immer sein mag, keine menschlichen Selbstverbesserungs-Projekte sind gut genug, um einen Menschen vor einem heiligen Gott vollkommen zu machen. George Carey hat Recht: „Es liegen Welten zwischen der passiven, gelassenen Gestalt Buddhas und der aktiven, leidenden Gestalt Christi."

Nach G.K. Chesterton „passte es, Buddha mit geschlossenen Augen darzustellen; es gibt nichts Wichtiges zu sehen".

Buddhismus – Christentum

Buddhismus		Christentum
Monismus ◄	*Metaphysik* ►	Dualismus
Agnostisch ◄	*Gott* ►	Theistisch
Mystisch ◄	*Glaube* ►	Historisch
Anstrengung ◄	*Erlösung*	Göttl.Beistand
Losgelöstsein ◄	*Leben*	Einbezogensein
Erleuchtung ◄	*Spiritualität* ►	Erneuerung
Unwissenheit ◄	*Ziel*	Auferstehung

■■■ Islam – der Weg und die Wahrheit für unsere Welt?

Der Islam ist die zweitgrößte Religion der Welt. Das Wort *Islam* bedeutet im Arabischen „Ergebung"; ein Moslem ist also einer, der sich dem Willen Allahs ergibt. Gegründet wurde er von Mohammed im frühen Siebten Jahrhundert, und die Aussprüche Mohammeds wurden im heiligen Buch der Muslime, dem Koran, zusammengetragen. Oder wie H. Kraemer einen ersten Unterschied zum Christentum definiert: Im Islam wurde „das Wort nicht Fleisch: Das Wort wurde Buch".

Für den gläubigen Moslem ist der Koran das Wort Gottes. Das Wort Koran bedeutet „Lesung", und das Buch umfasst 114 Suren oder Kapitel, die unumstößlich sind. Der Koran darf in keiner Weise hinterfragt oder einer Kritik ausgesetzt werden. Außer an den Koran glauben die Muslime an die Hadith und Sunna. Diesen Schriften bringt man Respekt entgegen, doch sie sind nicht so verbindlich wie der Koran. Der Religionswissenschaftler E.O. James nennt in seinem Buch *History of Religion* wesentliche Quellen des Islam:

■■*So ließe sich der Islam denn auch fast als christliche „Häresie" bezeichnen, abgesehen von dieser neuen direkten Offenbarung, die die von Christus und den hebräischen Propheten gewährte ergänzte und vervollständigte, da der Gründer ein Großteil seines Materials von späten Formen des Judentums und des Christentums bezog, das oft eigenartig verdreht und verändert wurde.*

Die zentrale Lehre des Islam sind die „Fünf Säulen":
1. Das Bekenntnis: „Es gibt keinen Gott außer Allah, und Mohammed ist sein Prophet."

2. Fünfmal täglich beten in Richtung Mekka.
3. Den Armen Almosen geben.
4. Fasten im Monat Ramadan.
5. Wenn möglich, mindestens eine Pilgerfahrt im Leben nach Mekka.

Der Islam sieht die Kreuzigung und Auferstehung Christi als nicht historisch an. In seinem Buch *Crises of Belief* (dt. etwa: *Glaubenskrisen)* schreibt Stephen Neill: „Die überwiegende Mehrheit der Muslime glaubt und ist belehrt worden, dass Jesus nicht gekreuzigt wurde, sondern dass Gott ihn errettete und ihn an einen sicheren Ort im Himmel brachte."

Christopher E. Storrs fügt hinzu: „Mohammed räumte nicht einmal ein, dass die Kreuzigung ein historisches Ereignis war; denn hätte Gott bei einem treuen Propheten versagt, könnte Er dann nicht auch bei Seinem vollkommenen Propheten versagen?"

Jesus Christus wird als Prophet Gottes anerkannt, doch streitet man sein Gottsein ab. Die Bibel sei von späteren Christen verdorben worden, die Lehren von Sünde und Vergebung werden ignoriert.

Muslime glauben zwar an einen Gott, leugnen aber die Dreieinigkeit. Professor Watkin, islamischer Gelehrter, merkt an: „Oberster Grundsatz des Islam ist, dass nichts Menschliches an Gott, nichts Göttliches am Menschen ist."

Al-Junayd, der Mystiker aus dem Neunten Jahrhundert, beschreibt die Sichtweise des Islam gegenüber Gott: „Niemand kennt Gott außer Gott der Allerhöchste Selber, und daher hat Er sogar den Besten Seiner Schöpfung nur Seine Namen offenbart, hinter denen Er sich verbirgt."

Gott ist so weit vom Menschen entfernt, dass man ihn praktisch nicht kennen kann. In einem Lied heißt es: „Was sich dein Verstand auch immer ausdenken mag, dass Allah nicht ist, kannst du glauben."

Der Philosoph David Hugh Freeman merkt an: „In zwanzig Abschnitten des Koran heißt es von Gott, ‚er führt die Menschen in die Irre‘."

Es sind keine Vorkehrungen für die Sünde getroffen, und nichts hat Allah für die Rettung des Menschen getan, das ihn etwas kosten würde. Es gibt keine Zusicherung für ewiges Leben, und das islamische Verständnis vom Himmel ist weit entfernt von der christlichen Vorstellung himmlischen Daseins. Der Himmel ist im Islam ein Ort sinnlicher Vergnügungen für den Mann. In Sure 56,16-25 sagt der Koran:

▪▪*Sie werden auf Kissen ruhen, welche mit Gold und edlen Steinen geschmückt sind, sie lehnen einander gegenüber. Jünglinge in ewiger Jugendblüte werden, um ihnen aufzuwarten, sie mit Bechern, Kelchen und Schalen voll fließenden Weines umkreisen, der den Kopf nicht schmerzen und den Verstand nicht trüben wird, und mit Früchten, von welchen sie nur wählen, und mit Fleisch von Geflügel, wie sie es nur wünschen können. Und Jungfrauen mit großen schwarzen Augen, gleich Perlen, die noch in ihren Muscheln verborgen sind, bekommen sie als Lohn ihres Tuns.*

Viele westliche Religionswissenschaftler vertreten die Ansicht, Mohammed sei sich nicht sicher gewesen, wann er zum ersten Mal seine Offenbarungen erhalten habe, und sie seien zahlreichen Veränderungen unterworfen gewesen. Erst befahl er zum Beispiel seinen Nachfolgern, wie Daniel Richtung Jerusalem zu beten, aber als die Juden und Christen seine Botschaft nicht akzeptierten, befahl er, sich nach Mekka zu wenden. Dr. Robert Morey merkt dazu an:

▪▪*Zunächst versuchte Mohammed, die Juden zum Annehmen seines Prophetentums zu bewegen, indem er den Monotheismus, das Beachten des jüdischen Sabbat, das Gebet in Richtung Jerusalem predigte, sich auf Abraham und die Urväter bezog, einige ihrer Nahrungsvorschriften übernahm und ihre Heilige Schrift pries.*

Mohammed lehrte eine apostolische Prophetenfolge, die mit Teilen der Offenbarung Gottes kamen – Abraham, Mose, Christus –, doch sei er der letzte Prophet, der vor dem Tag des Letzten Gerichts alle vorangegangenen Offenbarungen bestätigen und besiegeln würde. Nie jedoch nahm er Göttlichkeit für sich in Anspruch: „Ich bin nichts weiter als alle Menschen; ich bin nur menschlich", noch tat er ein Wunder, um seine Behauptungen zu belegen. Er bekannte sich als Sünder und ließ sogar erkennen, dass er Hilfe brauchte, indem er seine Nachfolger bat, für ihn zu beten.

Christopher E. Storrs schreibt: „Mohammed bekannte in der Tat, ein menschlicher Prophet zu sein, sündig und gelegentlich fehlbar; doch seine Offenbarungen waren unfehlbar."

Lowell Lundstrom bemerkt: „Während Mohammeds zehn Jahren in Medina plante er 65 militärische Feld- und Beutezüge und führte selbst 27 von ihnen an."

Im Koran heißt es in Sure 66,9: „O du Prophet, bekämpfe die Ungläubigen und die Heuchler und behandle sie mit Strenge. Ihr Aufenthalt wird einst die Hölle sein, und ein schlimmer Weg (eine furchtbare Bestimmung) ist dorthin."

Der Historiker Sir Steven Runciman merkt dazu an: „Im Gegensatz zum Christentum, das einen Frieden predigte, den es niemals erreicht hat, kam der Islam ohne Scham mit dem Schwert daher."

Der Koran, so glaubt man im Islam, ist ewig und nicht erschaffen, was bedeuten würde, dass er jenseits von Gott existiert. Allah lässt es zu, dass die Bibel verdorben wird, doch der Koran wird für alle Zeit bewahrt. Für Mohammed war Jesus Christus der größte Prophet, bevor er selbst erschien. Er beschrieb Christus als „ein Wort Gottes", einen „Gesandten" (Sure 4,169) und einen „Geist Gottes". Er gab zu, dass Christus ohne Sünde war (Sure 3,36.37 und 19,19), von einer Jungfrau geboren wurde und Wunder tat.

■■■ Einzigartig – das Christentum

Das Christentum ist einzigartig. Es gibt keinen Glauben wie den christlichen Glauben. Das Christentum unterscheidet sich von allen anderen Religionen durch seine Grundlehren über Gott, über den Menschen, wie Gott den Menschen erlöst und was Sünde ist. Alle anderen Religionen lehren Erlösung durch gute Werke, doch das Christentum bietet Erlösung durch Gnade allein durch den Glauben. In anderen Religionen ist der Mensch ständig auf der Suche nach Gott, doch im Christentum macht sich Gott auf die Suche nach dem Menschen. Billy Graham hat Recht: „Es gibt viele Religionen auf der Welt, doch nur ein Christentum, denn nur das Christentum hat einen Gott, der sich selbst für die Menschheit hingab. Die Weltreligionen versuchen, sich nach Gott hochzurecken; das Christentum ist Gott, der sich zu den Menschen niederbeugt."

In den Weltreligionen haben wir die Antwort des Menschen auf das Problem des Menschen, doch im Christentum haben wir die Antwort Gottes auf die Probleme des Menschen. Das jahrhundertelange religiöse Hoffen des Menschen wurde in Christus erfüllt. Das Unendliche wurde endlich, das Abstrakte konkret, das Unsichtbare sichtbar; Gott wurde Mensch. Diese Haltung versteht sich nicht als engstirniger Exklusivismus, sondern als Einladung, an der Freude Christi teilzuhaben, wie es George Carey so treffend beschreibt: „Das größte Geschenk, das wir anderen machen können, und zwar nicht arrogant oder voller Stolz, ist, dass wir in Jesus, unserem Herrn, die letzte und vollständige Antwort auf die Bedürfnisse des Menschen finden."

Das Christentum beantwortet die Fragen der Geschichte, bietet eine Lösung für das Problem der Sünde, nimmt die Last der Schuld ab, befreit von der Todesangst, verwandelt Verzweiflung in Hoffnung und verleiht die Kraft, ein siegreiches Leben mit Gott zu führen. Stephen Neills Folgerung ist daher vollkommen logisch: „Gegen die Krankheit des Menschen gibt es nur ein spezifisches Mittel, und das ist es auch schon. Es gibt kein anderes."

Im umfassenden Sinne haben alle anderen Religionen Ansichten, doch nur im Christentum haben wir eine Nachricht – die Gute Nachricht, dass Gott etwas von ewigem Wert für die Rettung der Menschheit in Jesus Christus getan hat. J. Gresham Machen schrieb ganz richtig:

> ■■*Alle Ideen des Christentums ließen sich auch in einer anderen Religion entdecken, und doch gäbe es in dieser anderen Religion kein Christentum. Denn das Christentum hängt nicht von einem Ideenkomplex ab, sondern von der Erzählung eines Ereignisses.*

Das Christentum ist einzigartig, denn Jesus Christus ist anders als alle Führungspersönlichkeiten dieser Welt. Er ist nicht bloß eine Perle an der Kette Gottes oder „eine Flötennote, die die Gottheit anstimmt". Mit Jesus Christus haben wir etwas Einzigartiges. Der Apostel Paulus nennt uns gute Gründe, warum Christus nicht gleichzusetzen ist mit Buddha, Mohammed, Konfuzius, Sokrates und Platon. In seinem Brief an die Philipper schreibt Paulus: „Er ... war Gott gehorsam bis zum Tod, ja, bis zum schändlichen Tod am Kreuz. Darum hat ihn Gott auch herrlich zu sich erhoben und ihm den Namen gegeben, der über allen Namen steht. Vor Jesus werden sich einmal alle beugen: alle Mächte im Himmel, alle Menschen auf der Erde und alle im Totenreich" (Philipper 2,8-10).

1. Zuverlässige Offenbarung

Die christliche Offenbarung ist anders als alle anderen Ansprüche auf Offenbarung; die christliche Offenbarung ist vollkommen zuverlässig. Es gibt mehr historische Beweise für die Zuverlässigkeit des Neuen Testaments als für zehn Werke der klassischen Literatur zusammengenommen. Das Neue Testament ist eines der am gründlichsten erforschten Bücher aus alter Zeit. Die älteste uns vorliegende Abschrift der Schriften des Tacitus, des römischen Historikers, ist auf etwa tausend Jahre nach dem Original datiert. Tausend Jahre trennen Caesars *De bello gallico* vom Datum der ältesten vorliegenden Abschrift, und es gibt nur zehn davon. Dreizehnhundert Jahre liegen zwischen den Schriften Platons und ihrer ältesten vorhandenen Überlieferung. Die frühesten Schriften des Aristoteles, die wir besitzen, wurden vierzehnhundert Jahre nach der Abfassung des Originals abgeschrieben, doch im Falle des Neuen Testament beträgt die Lücke zwischen den Originalen und den existierenden Abschriften 30, 100 und 200 Jahre. Der renommierte britische Spezialist für historische Quellen, F.F. Bruce schreibt:

■■*Wir haben viel mehr Unterlagen für die neutestamentlichen Schriften als die meisten Schriften klassischer Autoren, deren Echtheit anzuzweifeln niemandem einfallen würde.*[94]

Wenn jemand die Zuverlässigkeit des Neuen Testaments ablehnt, muss er oder sie eigentlich aus demselben Grund alle Dokumente zur Vor- und Frühgeschichte ablehnen. Der Historiker H.G. Wells stimmt zu, dass die Evangelien im ersten Jahrhundert existiert haben: „Informationen über die Persönlichkeit Jesu leiten sich aus den vier Evangelien ab, die alle mit Sicherheit wenige Jahrzehnte nach seinem Tod existierten."

Sir Frederic Kenyon, früherer Direktor und Bibliotheksleiter des British Museum, zog kurz vor seinem Tod folgenden Schluss: „Sowohl die Authentizität, als auch die allgemeine Integrität der Bücher des Neuen Testament kann man als endgültig erwiesen ansehen."

2. Der auferstandene Erlöser

Der christliche Glaube gründet sich auf ein historisches Ereignis – die Auferstehung. Alle anderen großen Weltreligionen gründen sich auf ein philosophisches oder theologisches System, doch das Christentum beruht auf einem Ereignis in Raum und Zeit. Im Leben Christi gibt es ein Ereignis, das ihn von jeder anderen Person der Weltgeschichte unterscheidet – die Auferstehung. In absolut keiner anderen Philosophie oder Religion gibt es etwas Vergleichbares zu Jesus Christus. G.B. Hardy stellt es eindrucksvoll dar:

■■*Wir müssen primär nur zwei ganz wesentliche Anforderungen an die verschiedenen Religionen stellen:*
1. Hat jemand den Tod überwunden und kann das auch bewiesen werden?
2. Wenn dies der Fall ist, steht dann die entsprechende Überwindermacht auch mir zur Verfügung?
Die Geschichte gibt folgende Antwort:
Das Grab des Konfuzius behielt seinen Leichnam;

das Grab des Buddha behielt seinen Leichnam;
das Grab Mohammeds behielt seinen Leichnam;
*das Grab Jesu wurde durch seine Auferstehung **leer**!*
*Sie können einwenden, was Sie wollen: **Es lohnt sich** ***nicht, jemandem, der im Kampf gegen den Tod unter-*** ***legen ist, nachzufolgen.***[95]*

Die Tatsache, dass alle Gründer der Weltreligionen ihren eigenen Tod nicht besiegen konnten, ist ein guter Beweis dafür, dass sie nicht die Wahrheit vertreten. Jesus Christus beweist, dass er die Wahrheit ist, indem er stirbt und aus dem Grab aufersteht. Wenn doch Jesus Christus den Tod besiegte, der ja der größte Feind des Menschen ist, dann ist er die größte Autorität in Sachen Wahrheit und er allein hat das Recht, etwas zu den größten Fragen von Leben, Gott und Tod zu sagen. Der Philosoph H.D. Lewis fasste es treffend zusammen: „Er kam in vollkommen menschlicher Gestalt, um ein allumfassendes Bedürfnis auf eine Weise zu befriedigen, die auf alle Zeiten und Orte passt und die weder Parallele noch Ersatz findet."

Es gibt mehr historische Beweise für die Auferstehung Jesu Christi als für die Tatsache, dass Napoleon in der Schlacht von Waterloo unterlag oder dass Julius Caesar römischer Kaiser war. Bisher wurde keine Theorie entwickelt, die die Wirklichkeit der Auferstehung widerlegt und gleichzeitig alle verfügbaren Beweise angemessen berücksichtigt hätte. Bishop Westcott, Dozent in Cambridge, schreibt schlicht:

■■*Alle Beweise zusammen genommen ist es nicht zu viel gesagt, wenn man behauptet, kein einziges historisches Ereignis ist besser oder vielfältiger gestützt als die Auferstehung Christi.*

3. Hilfreiche Beziehung

Das Christentum ist keine reine Religion, sondern eine Beziehung. Der christliche Glaube stellt die richtige Beziehung zwischen dem Menschen und Gott durch Jesus Christus her. In allen anderen großen Religionen der Welt versucht der Mensch, sich zu Gott vorzuarbeiten, doch im Christentum streckt Gott seine Hand nach dem Menschen aus, um ihn zu retten. In anderen Religionen versucht der Mensch, sich aus eigener Kraft zu erlösen, doch im Christentum erlöst Gott den Menschen von Sünde und Übertretungen. Gott macht für den Menschen, was der nicht für sich selbst tun kann. Die Religion gibt gute Ratschläge, aber Christus bietet Macht und Stärke an, um Sünde und Übel zu überwinden.

Von dem christlichen Inder Sadhu Sundar Singh ist ein Gespräch mit praktizierenden Brahmanen während einer Zugfahrt überliefert. „Sage uns", fragten die Brahmanen, „welcher Glaube im Christentum steckt, der im Hinduismus nicht zu finden ist?"

Sadhu erwiderte: „Ich habe Christus."

Sie wiederholten die Frage und wieder entgegnete Sadhu: „Ich habe Christus."

Sie fragten ihn ein drittes Mal: „Welcher Glaube steckt im Christentum, der im Hinduismus nicht zu finden ist?"

Wieder antwortete Sadhu: „Ich habe Christus."

Christentum ist Jesus Christus! Es trifft durchaus zu, dass von allen großen Religionsführern einzig Jesus Christus den bemerkenswerten Anspruch erhebt, Gott zu sein:

Ich und der Vater sind eins (Johannes 10,30)
- Der Menschensohn (hat) die Macht ..., schon jetzt Sünden zu vergeben (Markus 2,10)
- Lange bevor Abraham überhaupt geboren wurde, war ich da (Johannes 8,58)

- Wer aber Gottes Sohn nicht als Herrn anerkennen
will, der verachtet auch die Herrschaft des Vaters, der ja
den Sohn gesandt hat (Johannes 5,23)
- Macht euch bereit! Ich komme schnell und unerwartet
und werde jedem den Lohn geben, den er verdient. Von
A bis Z steht alles in meiner Macht. Ich bin der Erste
und der Letzte, der Anfang und das Ziel
(Offenbarung 22,12-13).

Hendrik Kraemer traf den Kern: „Christus ist die Krise aller Religionen."

Ohne ihn wäre das Christentum Brennholz. Er ist der ganze Unterschied. Christus ist nicht eine Tatsache, die man glauben muss, oder ein Thema für Diskussionen, sondern eine lebendige Realität, der man begegnen kann. Er ist eine lebenswichtige Persönlichkeit, die man kennen und lieben kann.

Nur das Christentum hat ein Mittel und eine Lösung für das Problem Sünde. Die Bibel sagt: „Gott aber hat uns seine große Liebe gerade dadurch bewiesen, dass Christus für uns starb, als wir noch Sünder waren" (Römer 5,8). Die Begründer der Weltreligionen sagen: „Macht dies! Macht das!", doch Christus sagt: „Vollbracht! Alles schon erledigt!"

J.N.D. Anderson meint:

■■*Dieses einzigartige Element im Evangelium sagt uns,*
dass das, was wir niemals tun könnten, Gott getan hat.
Wir können nicht hinauf in den Himmel klettern, um
Gott zu entdecken, doch Gott ist zur Erde gekommen,
in Gestalt seines Sohnes, um sich uns auf die einzige Art
zu offenbaren, die wir verstehen: als menschliches
Wesen.

Das Besondere am Christentum ist:

In Jesus Christus:
- Sind unsere Sünden vergeben.
- Ist unsere Schuld beseitigt.
- Ist unsere Todesangst vernichtet.
- Gründet sich unser Glaube auf einen persönlichen Gott.
- Erfüllt sich unsere Suche nach Wahrheit.
- Sind unsere Gewissheit und unsere Identität vervollkommnet.
- Gründet sich unser Leben auf eine neue Hoffnung.

Der wesentliche Unterschied zwischen dem Christentum und den Weltreligionen ist folgender:
Als Hindu versank ich in einem großen See und konnte nicht schwimmen. Die Religionsführer und Gurus kamen daher und erteilten mir Schwimmunterricht. Konfuzius belehrte mich: „Hättest du meine Lehren befolgt, wärest du niemals hineingefallen."

Mohammed teilte mir mit: „Allah will was immer er will."

Buddha kam des Weges und sagte: „Es ist alles eine Illusion des Verstandes. Denke um und dein Problem wird sich umwenden."

Krishna kam daher und meinte: „Es ist dein Karma, dass du in den See gefallen bist. Du hast es verdient."

Dann kam Jesus Christus. Er erteilte mir keine Lektion oder gute Ratschläge. Er sagte: „Ich bin gekommen, zu suchen und zu retten, die verloren sind", stieg in den See, zog mich heraus, veränderte mein Leben und gab mir ein neues Lied ins Herz.

Der Lieddichter rührte mich an, als er schrieb: „Doch weil wir dein sind mit Leib und Leben, komme, was immer mag. Wir mögen fallen, in Not verzagen, bei dir ist Hilfe und Rat!"

Jetzt verstehe ich die Erfahrung des Psalmisten, als er schrieb:

Voll Zuversicht hoffte ich auf den Herrn, und er wandte sich mir zu und hörte meinen Hilfeschrei. Ich war in eine verzweifelte Lage geraten – wie jemand, der bis zum Hals in einer Grube voll Schlamm und Kot steckt! Aber er hat mich herausgezogen und auf festen Boden gestellt. Jetzt haben meine Füße wieder sicheren Halt. Er gab mir ein neues Lied in meinen Mund, einen Lobgesang für unseren Gott. Das werden viele Leute hören, sie werden den Herrn wieder achten und ihm vertrauen (Psalm 40, 2-4).

7

BITTE ANTWORTEN – OSTEN TRIFFT WESTEN

Der deutsche Journalist Ralf Tibusek bringt es auf den Punkt, wenn er den Osten auf dem zielorientierten wirtschaftlichen Weg Richtung Westen gehen sieht, während der Westen auf eine innere Reise nach Osten unterwegs ist. Der Theologe Nels F. Ferre fügt hinzu: „Heute wird der übernatürliche, personalistische, klassische christliche Glaube unterhöhlt von einem grundsätzlich nicht-dualistischen, unpersönlichen oder überpersönlichen Glauben. Der Wind bläst sturmartig aus dem Orient."

"Ost ist Ost und West ist West, und sie kommen niemals zusammen"[96], sagte Dschungelbuch-Autor Rudyard Kipling vor einem guten Jahrhundert. Doch heute müsste man schon sehr naiv sein, um eine solche Auffassung zu vertreten. Ost und West sind längst nicht mehr getrennt, sondern wachsen zusammen. Der Westen beeinflusst zwar den Osten durch seine Wissenschaft und Technik, doch wirkt der Osten durch seine religiöse Ideologie in den Westen hinein.

Vorbei die Zeiten, als man den Osten als dunkel und verworfen ansah. Viele Westeuropäer schätzen heute den Osten als einen Impulsgeber, um spirituelle Weisheit zu erlangen. Junge Leute, die vom westlichen Lebensstil und humanistischen Materialismus desillusioniert sind, wenden sich in der Hoffnung gen Osten, Sinn für ihr Dasein zu finden. Östliche Ideen und Philosophien durchdringen jeden Bereich der westlichen Kultur. Östliche Sekten wie beispielsweise Transzendentale Meditation, Divine Light, Hare Krishna, Theosophie und Zen-Buddhismus vergrößern sich rasch und erlangen in vielen Bereichen Anerkennung.

Östliche Bewegungen sollte man weder als vorübergehende Launen abtun, noch als Geheimsekten ignorieren. Ihr Einfluss und ihre Ideologie haben ernsthafte Auswirkungen auf das soziale, psychologische, philosophische und geistliche Leben. Angesichts dessen halten wir es für geboten, die Grundprämissen der östlichen Weltanschauung zu untersuchen.

■■■ Die Wurzeln der östlichen Anschauungen

Die historischen Wurzeln östlichen Denkens sind äußerst spannend zu betrachten. Die in vielen Kreisen verbreitete Meinung lautet, östliche Ideen seien dem Osten eigen und ihre Grundauffassungen dem Westen fremd. Diese Auffassungen sind schlicht erfunden und entbehren jeder historischen Grundlage.

Die Wurzeln des Hinduismus reichen zurück zu den Ariern, die im indischen Volk wedische Lehren einführten. Vor der Invasion der Arier waren die Inder Animisten. Diese neue Ideologie glich im Wesentlichen der der Griechen, wie Jack C. Winslow hervorhebt:

■■*Hier haben wir z.B. Varuna, den griechischen Uranos, d.h. Himmel, der in der griechischen Mythologie der Vater des Zeus – lichter Himmel – ist. Das wedische Gegenstück von Zeus ist Dyaus, oft auch Dyaus pitar genannt, oder Vater Dyaus – im Griechischen Zeus pater, im Lateinischen Jupiter.*

Die Ursprünge des arischen Glaubens sind tief verwurzelt in der Mythologie und Philosophie der Griechen. Griechische Philosophen wie Parmenides, Heraklit, Plotin und Pythagoras vertraten Ansichten, die dem Hinduismus und Buddhismus zu Grunde liegen. Vorstellungen wie Pantheismus („Gott in allem"), Monismus (alles Seiende ist auf ein einheitliches Prinzip zurückzuführen), Emanation (das Entstehen aller Dinge aus dem höchsten Einen) und Reinkarnation (Wiedergeburt [der Seele in einem neuen Körper]) sind gängige Doktrinen bei den Griechen. Die östlichen Ansichten von Zeit, Geschichte und Existenz sind mit denen der Griechen identisch. Os Guinness bemerkt: „Sowohl die Griechen als auch die Hindus sehen die Zeit als zyklisch und unbegrenzt an."

Er hebt hervor: „Für die Griechen war das physische Universum eine Schattenwelt, weniger wahr oder weniger wirklich als das transzendente Ideal, welches sich jenseits aller Erkenntnis befand; für die Hindus ist das physische Universum eine Welt des ‚Maya' oder der Illusion."[97]

164

■■■ Die grundlegenden Glaubenssysteme des Ostens

Jede Religion hat ihr Glaubenssystem, und das des Ostens ist dem Christentum entgegengesetzt. Jedes Glaubenssystem muss sich dahingehend prüfen lassen, ob es logisch konsistent, sachlich nachprüfbar und existenziell lebbar ist. Jede Weltanschauung, die diesen Prinzipien nicht gerecht wird, sollte man zurückweisen. Ein Unkluger mag das Absurde annehmen, doch ein Kluger wird das Logische wählen.

Östliche Religionen gehen von bestimmten theologischen und philosophischen Voraussetzungen aus, also von einem Glauben oder gedanklichen Vorstellungen, die als Prämisse anerkannt werden und somit die Grundansichten vom Leben stützen und durch die man alle Realitäten sieht. Wie der Philosoph Gordon H. Clark meint: „Jede Philosophie braucht ihre Prinzipien."

Diese Voraussetzungen bilden eine Grundlage für unser ethisches, soziales und religiöses Leben. Hinter der hinduistischen und buddhistischen Praxis stecken mehrere Voraussetzungen, die das Glaubenssystem beherrschen:

1. Die Wirklichkeit ist eins

Die östlichen Religionen umfassen zwar ein breites Spektrum an Vorstellungen vom Polytheismus bis hin zum Theismus, doch ist das zugrunde liegende Glaubenssystem Pantheismus oder Monismus. Nach dem Pantheismus gibt es nur eine letzte Wirklichkeit – Gott –, und alles ist Teil dieser Wirklichkeit. Mark Albrecht kann man also zustimmen: „Man könnte vielleicht sagen, dass keine Religion oder religiöse Philosophie besser ist als ihre Vorstellung von Gott."[98]

Von Shankara über Vivekenanda und Radhakrishnan bis hin zu Maharishi ist das grundlegende Religionssystem pantheistisch. Das heilige Buch der Upanishaden definiert die letzte Wirklichkeit als: „Das, in das hinein diese Dinge geboren werden, in dem sie leben und in das sie bei ihrem Tod eintreten, das ist das Brahman." In der *Bhagavadgita* sagt Brahman selbst:

> *Auf mich ist dieses All gereiht wie Perlen auf der Schnur. Die Feuchtigkeit im Wasser bin ich, o Kunti-Sohn; das Licht bin ich von Mond und Sonne; das Om in allen Veden, der Ton im Luftraum, die Männlichkeit in den Männern. Der reine Duft auf der Erde und der Glanz im Feuer bin ich; das Leben in allen Wesen und die Glut in den Asketen bin ich. Als den ewigen Samen aller Geschöpfe erkenne mich, o Prtha-Sohn! Die Vernunft der Vernünftigen bin ich, ich bin der Glanz der Glanzvollen.*[99]

Mit keinen Worten lässt sich Brahman beschreiben, denn es sprengt jeden Rahmen. Brahman ist Gott, Sein, Bewusstsein und Glückseligkeit. Als Sarvapalli Radhakrishnan, weltweit bekannt als Indiens größter Philosoph des Zwanzigsten Jahrhunderts, gebeten wurde, Brahman zu beschreiben, schwieg er, und als man ihn drängte zu antworten, meinte er: „Das Absolute ist Schweigen."

Es ist „die göttliche Dunkelheit" und „das, über das sich nichts sagen lässt".

Brahman ist Atman, das Eine ohne ein Zweites. Radhakrishnan meint:

> *Wer Brahman kennen lernt, wird Brahman. Vollkommenheit ist eine Geisteshaltung, unabhängig von Zeit oder Raum ... Wer weiß, dass er selber alles ist, kann kein Verlangen haben. Wenn man das Höchste sieht, werden die Knoten des Herzens entzwei geschnit-*

ten ... Da kann es weder Sorgen noch Schmerz noch
Angst geben, wenn es nichts anderes gibt.

Im pantheistischen Denken ist kein Raum für etwas Anderes. Die *Upanishaden* fassen Brahman als „Das bist du"
zusammen:

■■ *„Tue hier Salz in das Wasser und stelle dich früh bei*
mir ein." Er tat so. Der sprach zu ihm: „Bringe mir das
Salz, das du abends in das Wasser getan hast." Er
tastete danach und fand es nicht, da es zergangen war.
„Koste von dieser Seite. Wie schmeckt es?" – „Salzig."
– „Koste von der Mitte. Wie schmeckt es?" – „Salzig."–
„Koste von unten. Wie schmeckt es?" – „Salzig." –
„Wirf etwas hinzu und stelle dich bei mir ein." Er tat
so. „Das (Salz) bleibt immer." – Der sprach zu ihm:
„Das Seiende wirst du nicht gewahr, (dennoch:) hier ist
es. Dieser feinste Stoff durchzieht das All, das ist das
Wahre, das bist du, Shvetaketu."[100]

Brahman ist die einzige Wirklichkeit, alles andere ist ein
vorgetäuschtes Bild. Wie es der hinduistische Philosoph
Shankara ausdrückt: „Allein Brahman ist wirklich, die
phänomenale Welt ist unwirklich oder reine Illusion."

Wo alles göttlich ist, ist alles eins. Die Logik lautet, wenn
Gott alles ist, kann es nicht etwas außer Gott geben. Ziel
des östlichen Pantheismus ist die Verschmelzung von
Atman (Selbst) mit Brahman (das Absolute), so wie das
Bewusstsein des Selbst radikal in Vergessen umgewandelt
wird. Die wahre Erfahrung von Atman führt zur Erkenntnis des Brahman. Die Erfahrung des Atman ist nicht objektiv, sondern subjektiv, intuitiv und unmittelbar. Der Pantheist legt dar, dass unsere physischen Sinne oft den
Eindruck erschaffen, wir seien getrennt, isoliert, individuell, doch das kommt nur von der Unwissenheit. Sobald wir

den falschen Sinn für Individualität ablegen, erfahren wir die reine, bewusste, kosmische Einheit im Brahman. Die *Upanishaden* äußern sich zu Atman und Brahman so:

■■*Dieser ist mein Atman im inneren Herzen, kleiner als ein Reiskorn, ein Gerstenkorn, ein Senfkorn, ein Hirsekorn oder der Kern eines Hirsekorns. Dieser ist mein Atman im inneren Herzen, größer als die Erde, größer als der Luftraum, größer als der Himmelsraum, größer als alle diese Welten ... Er ist mein Atman im inneren Herzen. Er ist das Brahman.*[101]

Wie es ein Autor ausdrückt: „‚Der Täter und der Verursacher sind eins.‘ – ‚Gott schickt den Dieb stehlen und warnt gleichzeitig den Hausherrn vor dem Dieb.‘"

Die Logik von Stephen Neill ist zwingend: „Wenn Brahman und ich wirklich eins sind, gibt es keinen, an dem man sich vergehen könnte."

Die Suche eines jeden Hindu spiegelt sich in dem Gebet aus den Upanishaden wider:

■■*Führe mich vom Unwirklichen zum Wirklichen. Führe mich von der Dunkelhit ins Licht. Führe mich vom Tod zur Unsterblichkeit.*

Die Vorstellung, dass die Wirklichkeit letzten Endes eins ist, ist nicht nur die metaphysische Sichtweise des klassischen Hinduismus, sondern auch des historischen Buddhismus. D.T. Suzuki, führender Verfechter des Zen-Buddhismus, stellt es so dar:

■■*Einfache Menschen meinen, wir hätten Gott so zu betrachten, als stünde er auf jener Seite und wir auf dieser. Das stimmt nicht; Gott und ich sind eins in meinem Verständnis von Ihm. Auf diesem absoluten Einssein der Dinge gründet der Zen seine Philosophie.*

Gemäß Mahayana-Buddhismus ist die Wirklichkeit jenseits aller Kategorien des Daseins:

■■■*Die Soheit d(ies)er Dharmas ist die Soheit aller Dharmas und die Soheit der Vollendeten (d.h. Buddhas), denn die Soheit ist nur diese eine. Bei der Soheit gibt es keine Unterteilung ... Nur eine einzige Soheit gibt es, nicht zwei und nicht drei. Infolge ihrer Substanzlosigkeit ... ist die Soheit über Zählung (d.h. Vielheit) erhaben.*[102]

Ist Gott der Fels, der Baum und die Energie, die sie abstrahlen? Beleidigen wir Gott nicht, wenn wir ihn auf die Ebene von Pflanzen und Tieren herunterschrauben? Gibt es keinen Unterschied zwischen dem Maler und seinem Gemälde, dem Schöpfer und seiner Schöpfung? Ist der Pantheismus wirklich eine intellektuelle Option für den Menschen von heute? Denkt man ernstlich über die pantheistische Vorstellung nach, dass die Wirklichkeit eins ist, dauert es womöglich nicht allzu lang, bis man die Unmöglichkeit und die Schwierigkeit einer solchen Vorstellung feststellt. Wenn die Wirklichkeit letztlich eins ist, gibt es nicht den begrenzten Einzelnen. Doch in einem strikt monistischen Zusammenhang zu behaupten, „die Wirklichkeit ist eins", wäre sinnlos. Wenn nur Gott existiert, zu wem redet Gott dann?

Pantheismus ist unmöglich. Zu sagen „Gott existiert, aber mich gibt es nicht" ist ein Widerspruch in sich, denn man muss ja existieren, um eine solche Äußerung abzugeben. Dualismus zu leugnen und sich für Pantheismus auszusprechen ist irrational, denn der Pantheist muss ja als eigenständiges Individuum existieren (was den Pantheismus widerlegt), um sich über das Wesen des Daseins zu äußern. Wenn es echten Pantheismus gibt, dürfte sich kein Pantheist für den Pantheismus aussprechen, denn das setzt wiederum die Existenz anderer Wesen voraus, die sich vom Pantheismus überzeugen lassen sollen.

Die Logik Norman L. Geislers sollte eine Herausforderung für jeden Pantheisten darstellen:

■■ *Wenn wir eine belebte Straße überqueren und den Verkehr auf drei Spuren auf uns zurasen sehen, müssen wir uns da überhaupt Sorgen machen, wo doch alles reine Illusion ist? Sollten wir überhaupt nach Autos schauen, wenn wir über die Straße gehen, wenn doch wir, der Verkehr und die Straße überhaupt nicht wirklich existieren? Wenn Pantheisten ihren Pantheismus wirklich ausleben würden, gäbe es dann überhaupt noch Pantheisten?*

Pantheisten lehren, der Mensch täuscht sich, wenn er an sein individuelles Dasein denkt. Wenn das stimmt, wie kann der Pantheist dann wissen, dass er sich nicht irrt, wenn er denkt, die Wirklichkeit ist eins? Wenn das Wirkliche unwirklich und das Offensichtliche falsch ist, woher sollen wir dann wissen, dass die Pantheisten wirklich die Wahrheit sagen? Wie kann sich der Pantheist so sicher sein, dass er sich nicht irrt? Haben Pantheisten einen besonderen Draht zur Wirklichkeit? Wäre die Wirklichkeit eins, wären Beziehungen und religiöse Erfahrungen unmöglich und bedeutungslos. Wenn alleine Gott existiert, macht Gott und nicht der Pantheist die Erfahrung. Es lohnt sich, einen Blick auf Professor John Warwick Montgomerys viel sagende Analyse des Pantheismus zu werfen:

■■ *Der Pantheismus ... ist weder richtig noch falsch; er ist noch schlimmer, nämlich durch und durch trivial. Wir haben kaum daran gezweifelt, dass das Universum sowieso da war; ihm einen Namen zu geben („Gott") beweist noch gar nichts. Wir begehen die intellektuelle Todsünde der Wortverdreherei, wenn das Benennen von*

etwas entweder dem benannten Ding oder dem seman-
tischen Wortverdreher selbst zusätzliche Macht verlei-
hen soll.

Zu demselben Thema schreibt C.E.M. Joad, ehemals Professor für Philosophie an der Universität London, in seinem
Buch *Guide to Philosophy* (dt. etwa: *Leitfaden der Philosophie*):
*Gehen wir davon aus, dass Materie nach der ursprüng-
lichen Definition einfach „alles was es gibt" bedeutet,
ist das die Schlussfolgerung. Eine solche Folgerung ist
es nicht wert, bewiesen zu werden. Sie ist vielmehr eine
reine Tautologie – das heißt eine Erklärung desselben
Dings auf zwei unterschiedliche Arten.*

Der Trugschluss des Pantheismus ist nicht nur ein logischer
Fehler, sondern er hat ernste moralische Auswirkungen.
Wenn Gott alles ist und alles Gott ist, dann ist das Böse ein
Teil Gottes.   „Zweitens ist der ‚Gott' der Monisten",
schreibt Mark Albrecht, „ein recht unvollkommener Gott.
Da er (oder genauer gesagt ‚es') eins ist mit der Schöpfung
und Bewusstsein, ist Gott somit auch der Ursprung aller
Fehlerhaftigkeit und des Bösen in der Welt. Die negativsten
Taten und Gedanken der Menschen werden buchstäblich
zu Eigenschaften Gottes."[103]
    Francis Schaeffer veranschaulicht die ernsthaften Folgen
des Pantheismus:
■■■*Ich erinnere mich an ein Gespräch mit einigen jungen Leuten in der Studentenbude eines jungen Südafri-
kaners in Cambridge. Unter den Anwesenden befand
sich ein junger Inder, der aus dem Sikhismus stammte,
allerdings Anhänger des Hinduismus war. Er griff das
Christentum heftig an, obwohl er nicht einmal die Probleme seiner eigenen Religion durchdacht hatte. So*

sagte ich: ,Stimmt meine Behauptung, dass sich nach Ihrem Lehrsystem Grausamkeit und Nichtgrausamkeit letztlich gleichen, dass zwischen ihnen kein wesensmäßiger Unterschied besteht?' Er stimmte zu ... Der Student aber, in dessen Zimmer wir beisammen waren, hatte die Tragweite dieser Lehre des Sikhismus verstanden. Er nahm den Kessel, in dem das Wasser für den Tee kochte, und hielt ihn mit seinem dampfenden Inhalt über den Kopf des Inders. Der blickte auf und fragte, was das denn bedeuten solle, und erhielt die freundliche, aber bestimmte Antwort: ,Zwischen Grausamkeit und Nichtgrausamkeit besteht doch kein Unterschied!' Daraufhin marschierte der Hindu aus dem Zimmer.[104]

Samuel M. Thompsons hervorragende philosophische Kritik am Pantheismus ist der Betrachtung wert. Der Philosoph schreibt:

■■*Jeder Versuch, Gott und die Welt zu bestimmen, ist insofern zum Scheitern verurteilt, als er den winzigsten Unterschied zwischen der Welt als solcher und Gott als solchem anerkennt; denn jede wie auch immer geartete Unterscheidung genügt, um die völlige Gleichheit zu zerstören. Wenn es andererseits keine Unterscheidung gibt, haben wir keine zwei Dinge, die wir miteinander gleichsetzen könnten, und somit versagt wiederum die pantheistische Grundaussage."*

Die Worte J.I. Packers zeugen von Einsicht: „Wenn Gottes Dasein ein Aspekt meines eigenen ist, ,mitten in mir', dann werden alle Versuche, ihn anzubeten, zur Selbstanbetung."

Hier führt kein Weg an Professor C.E.M. Joads tiefsinnigen Anmerkungen vorbei:

■■*Wenn es nur Gott gibt, wie kann es dann Illusionen geben? Kann Gottes Verstand sie erschaffen und am*

Leben erhalten? Nein. Und meiner? Ich glaube ja. Aber
dann muss sich mein Verstand von dem Gottes unter-
scheiden, und alles ist nicht Gott.

Betrachten wir auch Dr. E. Stanley Jones Einsichten:
■■*Ein halbes Jahrhundert lang suche ich nun schon*
Indien vom Himalaja bis zum Kormorin-Kap nach
einem Menschen ab, der zur Verwirklichung des Selbst
gelangt ist und nun Das Selbst, Gott Selber geworden
ist. Ich habe noch keinen gefunden. Es ist eine Illusion
... Ein Geschöpf kann niemals zum Schöpfer werden.

2. Die Wirklichkeit ist unlogisch

Allem östlichen Denken liegt zu Grunde, dass die Wirklichkeit unlogisch ist und Vernunft nicht zu Gott führen
kann. Oft beharrt man darauf, dass „Gott größer als die
Logik" ist. Buddhas Rat an seine Nachfolger war: „Geht
weder am Vernunftdenken vorbei, noch am Schlussfolgern,
noch am Beweisen."

Es heißt: „Der Buddha predigte fünfundneunzig Jahre
lang, und in all dieser Zeit hielt er es nicht für nötig, auch
nur ein Wort zu sprechen."[105]

Zum Thema Zen-Buddhismus hebt D.T. Suzuki hervor:
„Zen ist ausdrücklich kein System, das sich auf Analyse
und Logik gründet. Wenn es irgend etwas ist, so ist es das
Gegenteil von Logik, unter der ich die dualistische Denkweise verstehe."[106]

Suzuki geht noch weiter: „Alle unsere Gedankenspiele
greifen nicht in der Wirklichkeit."[107]

Sopwith Camel drückte die östliche Sichtweise ganz rich-
tig in einem Lied aus, in dem es hieß: „Zertrampelt die
Wirklichkeit bevor die Wirklichkeit euch zertrampelt."
Ähnlich schrieb auch Abby Hoffman in seinem Buch *Revo-*

*lution for the Hell of It (dt. etwa: Revolution aus Spaß an der Freude): »*Hört auf Berührungen, hört auf Stille ... hört nicht auf Worte, hört nicht auf Worte. Hört nicht auf Worte.«

Für den Osten ist der Verstand ein »betrunkener Affe«, oder, etwa für Hare-Krishna-Anhänger, ein »Mülleimer«.

Die Vernunft hat nach östlicher Denkart keine Bedeutung. Es heißt: »Denke nicht, wenn du denkst, dass du denkst.«

Und weiter: »Shiva gebar Shakti und Shakti gebar Shiva. Doch nur die Weisen verstehen dieses Geheimnis.«

Guru Maharaji Ji behauptet: »Der Verstand spiegelt bloß das Falsche wider. Der Verstand ist ein schwarzes Licht.«

Für den Hindu ist Gott sowohl persönlich als auch unpersönlich, Shankara, der Unpersönliche, und Ramanujy, der Persönliche. W. Cantwell Smith bringt das auf den Punkt: »Kein Hindu hat jemals etwas gesagt, dem ein anderer Hindu nicht widersprochen hätte.«

Den Hindu stört es nicht, dass diese Auffassung dem Satz vom ausgeschlossenen Dritten in der Logik widerspricht. Für ihn ist Gott ganz anders, weit weg, widersprüchlich zu all unserem Denken. Gott ist alles, was unser Verstand nicht begreifen kann. In den Upanishaden heißt es:

■■*Das Auge kann ihn (Brahman) nicht erblicken, die Sprache kann ihn nicht bezeichnen, Verstand kann nimmer ihn begreifen. Keiner kennt ihn, niemand kann uns über ihn belehren. Anders ist er als bekannt, anders ist er als unbekannt ...*
Nur der kennt wahrlich Brahman, der ihn unerkennbar weiß. Wer glaubt, er wisse, der weiß nicht. Der Unwissende glaubt, Brahman sei erkennbar; der Weise weiß: er ist jenseits von Erkennbarkeit.[108]

Dieser irrationale Zugang zur Realität ist typisch für die Zen-Bewegung. Ein alter Zen-Meister hob immer einen seiner Finger, wenn er nach der Bedeutung des Zen gefragt wurde – das war seine Antwort. Ein Zen-Schüler sagt: „Ich verdanke meinem Lehrer alles, denn er hat mich nichts gelehrt."

Das steht im Einklang mit Lao-tses berühmtem Aphorismus: „Wer weiß, spricht nicht; wer spricht, weiß nicht."[109]

Ein anderer Zen-Meister geht so weit zu sagen: „Wenn die Münder sich öffnen, haben alle Unrecht."[110]

Shankara, der berühmte hinduistische Philosoph, veranschaulicht den östlichen Agnostizismus, der Lehre von der Unerkennbarkeit des wahren Seins:

■■„*Meister", sagte ein Schüler zu seinem Lehrer, „lehre mich das Wesen des Brahman." Der Lehrer antwortete nicht. Als er ein zweites und ein drittes Mal bedrängt wurde, antwortete er: „Ich lehre dich doch, aber du folgst mir nicht. Sein Name ist Schweigen."*

Das Problem an der Vorstellung, dass „die Wirklichkeit unlogisch ist", lässt sich nicht gleich erkennen, wenn man die Vorstellung ohne Nachdenken akzeptiert. Wer auf diese Art zu denken getrimmt ist, hinterfragt selten die Gültigkeit dieser Prämisse. Wenn die Wirklichkeit unlogisch ist, wie kann man dann die Wirklichkeit erkennen? Wenn die Wirklichkeit total irrational ist, wie kann man dann zwischen Wirklichkeit und Einbildung unterscheiden? Der Mystiker Lao-tse hebt hervor: „Wenn ich schlafe und träume, ich wäre ein Mensch, der träumt, er wäre ein Schmetterling, wie kann ich dann wissen, wenn ich aufwache, dass ich kein Schmetterling bin, der träumt, er wäre ein Mensch?"

Wie soll man Irrtum von Wahrheit unterscheiden, wenn man nicht rational verstehen kann? Wenn Gott meine

Vorstellungskraft übersteigt, dann wäre schon allein die Vorstellung, dass „Gott eins ist", ohne Bedeutung.

Wie soll man folgende Äußerung verstehen, die Buddha zugeschrieben wird:

■■*Ich habe nicht erklärt, die Welt ist ewig, und ich habe nicht erklärt, die Welt ist nicht ewig. Ich habe nicht erklärt, der Heilige existiert nach dem Tod weiter, und ich habe nicht erklärt, der Heilige existiert nach dem Tod nicht weiter. Ich habe nicht erklärt, dass der Heilige nach dem Tod weder existiert noch nicht existiert.*

Solche esoterischen Aussagen klingen sehr tiefgründig und beeindruckend, doch niemand versteht sie, nicht einmal der Guru selbst. R.C. Sproul drückt das amüsant aus:

■■*Absurditäten hören sich oft tiefgründig an, weil man sie nicht verstehen kann. Wenn wir etwas hören, was wir nicht verstehen, meinen wir manchmal, es ist einfach zu tief schürfend oder schwer für uns, während es eigentlich schlicht unverständliche Äußerungen sind wie „einhändiges Klatschen".*

Pantheisten können nicht dauerhaft nach ihrer eigenen Vorgabe leben. Wenn die Wirklichkeit unlogisch ist, warum dann über Wirklichkeit reden und schreiben? Zum Reden und Schreiben muss man Logik anwenden, ohne die keine Kommunikation möglich ist. Wenn der Pantheist nichts Logisches über die letzte Wirklichkeit sagt, warum sollte irgendjemand dem Pantheisten folgen? Warum verficht er den Pantheismus und nicht den Theismus oder Atheismus? Wenn Logik keine Rolle spielt, warum nicht ein anderes Glaubenssystem annehmen? Und genau hier kommt die Inkonsequenz des Pantheismus zum Vorschein. Die Haltung des Pantheisten ist entweder selbstwiderlegend oder bedeutungslos – es gibt keine dritte Möglichkeit. Wenn es eine dritte Möglichkeit gibt, ist sie vernunftgemäß? Wenn nicht, dann ist sie irrational. Es ist sinnlos, von einer dritten Kategorie zu sprechen, die den Verstand übersteigt, wenn der Pantheist keinen Beweis dafür liefert, sie jemals zu überschreiten. Der Oxford-Absolvent C.S. Lewis meint: „Solange menschliches Denken nicht folgerichtig ist, kann keine Wissenschaft stimmen."[111]

Wenn die Wirklichkeit nicht rational ist, dann sagt die Behauptung, dass die Wirklichkeit nicht rational ist, entweder etwas Rationales über die Wirklichkeit aus, oder eben nicht. Wenn sie nicht etwas Rationales über die Wirklichkeit aussagt, dann sagt der Pantheist wahrlich nichts zum Thema Realität. Wenn die Behauptung etwas Richtiges über die Realität aussagt, dann übersteigt die Realität nicht den Verstand. Denn wenn sie den Verstand überstiege, wie könnte dann der Pantheist vernünftige Aussagen über etwas machen, das die Vernunft übersteigt? Wenn die Realität unvernünftig ist, hat man keine Grundlage für vernünftige Aussagen über die Realität.

> *Wenn ich schlafe und träume, ich wäre ein Mensch, der träumt, er wäre ein Schmetterling, wie kann ich dann wissen, wenn ich aufwache, dass ich kein Schmetterling bin, der träumt, er wäre ein Mensch?*
> Lao-tse

Ein Professor begann seine Vorlesung mit dem Satz: „Heute lautet unser Thema: ‚Die Unzulänglichkeit der Sprache.'"

Dann fuhr er mit seiner Vorlesung fort. Nach einer Weile meldete sich ein Student und sagte: „Herr Professor, wenn Sprache unzulänglich ist, ist es für uns doch sinnlos, hier zu sitzen und Ihnen zuzuhören."

Ein anderer Student griff das sofort auf und meinte: „Genau! Wir verschwenden hier nur unsere Zeit, wenn Sprache ein unzulängliches Kommunikationsmittel ist. Lasst uns lieber Squash spielen gehen."

Ein Student nach dem anderen verließ den Hörsaal und der Professor hielt sich seine Vorlesung selbst. Wenn Worte und Vernunftgründe unzulänglich sind, warum soll man sie dann überhaupt anwenden? R.C. Sproul hat Recht: „Wenn gegen die Gesetze der Logik verstoßen wird, hört verständliche Kommunikation auf."

Wenn Gott alles Denken übersteigt, übersteigt er auch den Gedanken, dass er alles Denken übersteigt. Und er übersteigt auch diesen Gedanken und ebenso den Gedanken, dass dies so sei. Wenn es stimmt, dass Gott das Denken übersteigt, dann stimmt auch der Gedanke nicht, dass „Gott alles Denken übersteigt"; also ist es falsch zu sagen, Gott übersteigt das Denken. Wir können nicht rational über etwas berichten, was absolut irrational ist, denn dann wäre das Irrationale rational und es wäre nicht absolut irrational. Wenn die Realität total irrational ist, wie konnte ich dann genug über die Realität erfahren, um rationale Aussagen über die letzte Realität zu machen? Wenn die Logik umgebracht wird, ist man gezwungen, an der Beisetzung der Wahrheit teilzunehmen. Der Tod der Wahrheit ist unvermeidlich, wenn man von Logik und gesundem Menschenverstand abrückt.

Um ihre Position zu rechtfertigen, behaupten pantheistische Mystiker sehr häufig, ihre Ansichten ließen sich nur in Symbolen ausdrücken. Doch bei näherem Hinsehen ist dieser Ansatz auch nicht besser. Nachdem sich C.E.M. Joad dieser Haltung angenommen hatte, folgert er:

■■*Ich konnte mit Symbolismus noch nie etwas anfangen. Unter einem Symbol verstehe ich ein Zeichen für etwas anderes. Entweder versteht der Symbolist, was*

*dieses andere ist, wobei ich dann nicht einsehen kann,
warum er nicht rundheraus sagt, was es ist, anstatt es
versteckt durch Symbole anzudeuten, oder er versteht es
nicht, wobei er von seinen Lesern nicht verlangen kann,
für ihn herauszufinden, wofür die Symbole stehen,
wenn er es schon nicht weiß. Für gewöhnlich, vermute
ich, weiß er es nicht, und sein Symbolismus ist lediglich
ein Mittel, um sein wirres Denken zu überdecken.*

Ist ein Glaubenssystem logisch unzusammenhängend,
besteht es nicht den Wahrheitstest. Es liefert keinen vernünftigen Grund zum Glauben. An dieser Stelle trifft die
Logik des Philosophen H.J. Paton den Punkt: „Der Vernunft den Krieg zu erklären heißt, alle zu befremden, die
sich um Wahrheit bemühen, und Schwindlern und Fanati-
kern Tür und Tor zu öffnen."

3. Realität ist eine Erfahrung

Da die Pantheisten behaupten, Realität ist irrational und
der Verstand vermag die Realität nicht zu begreifen, ist das
Tor zur Realität die Erfahrung. Der Hauptschwerpunkt der
östlichen Religionen liegt auf der Meditation: in das eigene
Wesen schauen, das Bewusstsein beherrschen lernen, Teil
der kosmischen Einheit werden, die eigene Identität verlie-
ren und eins mit dem Einen werden. Mahatma Gandhi riet
einst seinen Nachfolgern, „den Scheinwerfer nach innen zu
wenden".

Ein Guru erzählte einmal dem britischen Soziologen Os
Guinness:

■■*Für einen Christen ist seine verbale Darstellung von
Gott wie ein großer Eisberg, während seine Erfahrung
von Gott nur die kleine Spitze des Eisberges ist; aber
für einen aus dem Osten ist die Erfahrung Gottes der*

ganze Eisberg, während seine verbale Darstellung über Gott nur die kleine Spitze ist.[112]

Alan Watts, führender Verfechter des Zen-Buddhismus, meint: „Die eigene geistliche Verwirklichung ist von entscheidender Bedeutung, und sie hat ihren eigenen Sitz im Verstand, und sie kann den Himmel zur Hölle machen, und die Hölle zum Himmel." Sohaku Ogata schreibt in *Zen for the West* (dt. etwa: *Zen für den Westen*):

■■*Das Auge, durch das ich Gott sehe, ist dasselbe Auge, durch das Gott mich sieht. Mein Auge und Gottes Auge sind ein und dasselbe – eins im Sehen, eins im Erkennen und eins im Lieben ... Wenn ich die Türen meiner fünf Sinne geschlossen habe und ernsthaft Gott suche, finde ich ihn so deutlich und froh in meiner Seele, wie er in Ewigkeit ist ... Meditation, erhabenes Denken und Einheit mit Gott haben mich zum Himmel hin gezogen.*

In den *Upanishaden* wird die nicht-vernunftgemäße letzte Erfahrung, „Turiya" (Zustand des höchsten Gesegnetseins), so ausgedrückt:

■■*Weder inneres Wissen noch äußeres Wissen,*
Weder beides zusammen noch „nichts als Wissen",
Weder Wissen noch Nichtwissen –
Nicht zu sehen, mit nichts zu vergleichen,
Nicht zu fassen, nicht zu beschreiben,
Nicht zu denken, nicht zu benennen:
Ihn nennen sie den Vierten,
Den, der nichts als das Selbst kennt,
In dem es keine Vielfalt gibt,
Stille, Freude, Nicht-Zweiheit.
Das ist das Selbst.
Das muss erkannt werden.[113]

Die zugrunde liegende Voraussetzung für die Sichtweise, dass die Wirklichkeit nur erfahren werden kann, ist die Ansicht, dass Erfahrung die Wirklichkeit beweist. Aber beweist subjektive Erfahrung, was wir glauben? Wenn wir über Erfahrung nachdenken, lohnt sich ein Blick auf eine Bemerkung des Philosophen Bertrand Russell: „Wir können keinen Unterschied machen zwischen dem Mann, der wenig isst und den Himmel sieht, und dem Mann, der viel trinkt und Schlangen sieht."

Wer seinen metaphysischen Glauben anhand von Erfahrung beweisen will glaubt, Metaphysik, die Lehre von den letzten, nicht erfahrbaren Dingen, und Erfahrung sind Synonyme. Er erkennt nicht, dass Erfahrung etwas ist, das man hat, und Metaphysik ist die Interpretation dieser Erfahrung. Auch sollte man sich vergegenwärtigen, dass Erfahrungen auf vielerlei Weise interpretiert werden können. Keine Erfahrung interpretiert sich letztlich selbst. Menschen mit östlicher religiöser Erfahrung sagen oft: „Ich hatte eine Erfahrung, aber ich kann sie euch nicht beschreiben."

Wer eine solche Mentalität hat, erkennt nicht, dass Erfahrungen bedeutungslos sind, solange sie nicht beschreibbar sind. Mit anderen Worten: Wie kann man wissen, was man nicht weiß? Erfahrung ist eine zu schwache Grundlage, um darauf das ewige Geschick zu bauen. Anhänger von Religionen vom Zen-Buddhismus bis zum Mormonentum nehmen subjektive Erfahrungen, um ihren Glauben zu stützen. Die Tatsache, dass der Glaube des einen im Widerspruch zu dem des anderen steht, widerlegt die Behauptung, dass man mit Erfahrung ein Glaubenssystem für gültig erklären kann. Eine Erfahrung kann alles Mögliche sein. Sie könnte psychologisch, physiologisch, biblisch oder gar dämonisch sein. Der Theologe Clark Pinnock konkretisiert diese Denkweise so:

■■*Eine religiöse Wahrnehmung allein kann nur sich selbst beweisen. Die Aussage „Gott existiert" folgt schlicht und einfach nicht aus der Aussage „Ich hatte eine Gotteserfahrung". Eine psychologische Gegebenheit kann nicht automatisch zu einer metaphysischen Entdeckung führen. So einzigartig eine Erfahrung auch sein mag, sie kann doch auf zahlreiche radikal unterschiedliche Arten interpretiert werden. Vielleicht ist sie lediglich eine Begegnung mit dem eigenen Unterbewusstsein.*

Unsere psychologische Erfahrung muss von objektiven, externen Kriterien erhärtet werden, um unser Glaubenssystem für gültig zu erklären. Professor Joad hat den Kontrast zwischen Wissen (Wahrheit) und Gefühl (Erfahrung) so dargestellt:

■■*Der Grund also, warum Wissen mitteilbar ist und Gefühl nicht, ist die Tatsache, dass Wissen etwas anderes als es selbst und außerhalb seiner selbst ist, während Gefühl von nichts anderem als von der Tatsache des Fühlens berichtet. Wissen beinhaltet, kurz gesagt, einen Bezug zu etwas anderem, d.h. zu etwas, das man weiß; Gefühl eben nicht.*

Dazu auch Paul T. Arvesons viel sagende Antwort auf die östliche Metaphysik: „Nur wenn man die Wahrheit-Wert-Achse akzeptiert, kann man in einer Gesellschaft kommunizieren, leben und sich mitteilen."

Ausgehend von Erfahrung hat man einfach nicht die Möglichkeit, seine Erfahrung zu überprüfen, und zwar deshalb, weil eine subjektive Erfahrung eine zu bröckelige Grundlage ist, um darauf seine ewige Hoffnung zu gründen. Subjektivismus kann nicht die Grundlage für Wahrheit sein. „Was wir aus der Erfahrung lernen", argumentiert C.S. Lewis, „hängt von der Philosophie ab, die wir an die Erfahrung herantragen. Deshalb ist es zwecklos, an die Erfahrung zu appellieren, bevor wir nicht die philosophische Frage, so gut wir können, geklärt haben."[114]

Dr. Walter Pahnke meint ganz richtig: „Es ist irreführen, auch nur die Worte ‚Ich habe die Erfahrung gemacht' zu verwenden, denn auf dem Scheitelpunkt der Erfahrung ... gab es keine Dualität zwischen mir und dem, was ich erfahren habe."

Dazu auch Carl G. Jungs Anmerkung: „Selbstverständlich können wir nie ganz entscheiden, ob jemand *wirklich* ‚erleuchtet' oder ‚erlöst' sei, oder ob er es sich bloß einbildet. Dazu fehlen uns alle Kriterien."[115]

Wie kann sich jemand sicher sein, dass er Erfahrung mit Gott macht und nicht mit dem Teufel, mit dem Heiligen Geist und nicht mit einem bösen Geist?

Abgesehen von den oben genannten Gründen sollte man das Element psychologische und geistliche Gefahren sorgfältig abwägen. Wenn man sich vollkommen auf Empfindungen verlässt, kann man schließlich empfindungslos enden. Mystische Erfahrung ist extrem gefährlich, wie William J. Petersen anführt: „Chaitanya, der Gründer der Krishna-Sekte, tanzte so voller Ekstase und wiederholte ständig den Namen Hares, dass er bei Puri ins Meer hinein tanzte und ertrank."

Masters und Houston bemerken:

■■*Die Geschichte transzendentaler Erfahrungen legt Zeugnis ab von der dünnen Trennlinie zwischen dem Erhabenen und dem Dämonischen, und von der Häufigkeit, mit der das eine in das andere hinübergleiten kann.*

Die Gefahren mystischer Erfahrungen sollte man nicht übersehen. Man betrachte die Erfahrung von Julio Ruibal, einem ehemaligen Yogalehrer und Guru, der schließlich Bekanntschaft mit den Mächten der Finsternis in mystischen Erfahrungen machte:

■■*Ich kam in den okkulten Bereichen so schnell voran, dass ich bald der jüngste Guru der westlichen Hemisphäre wurde, und auch einer der fortgeschrittensten und mächtigsten. Zweimal die Woche gab ich Yogakurse im Fernsehen. Hatha-Yoga hört sich so nach netten kleinen Übungen an; jeder hält es für Gymnastik. Ich warne davor, denn es ist erst der Anfang einer teuflischen Falle. Als ich Übungsleiter für Hatha-Yoga geworden war, zeigte mir mein Lehrer, dass diese Übungen einzig und allein dazu dienen, den Appetit auf das Okkulte zu wecken. Sie sind wie Marihuana; sie bringen dich für gewöhnlich zu Drogen, die schlimmer und stärker noch sind, und fesseln dich so stark, dass nur Christus dich befreien kann. Viele glauben, okkulte Macht ist lediglich die Macht des Verstandes. Das stimmt nicht. Es gibt einen Punkt, wo die Macht des Verstandes aufhört und die dämonische Macht einsetzt.*

Von großer Bedeutung für alle, die Gott in der falschen Richtung suchen, ist die kluge Einsicht des Theologen B.B. Warfield von der Universität Princeton: „Wer anfängt, Gott in sich selbst zu suchen, kann damit enden, sich selbst mit Gott zu verwechseln."

Göttlichkeit ist nicht im Menschsein. Gott im Menschen zu suchen ist genauso wie in den Spiegel zu schauen und zu sagen: „Hier ist Gott."

Dem Menschen, der bei sich selbst anfängt, fehlt die Grundlage, die Gültigkeit seiner Erfahrung zu erkennen. Hätte Gott selber sich nicht objektiv offenbart und uns den Inhalt seiner Offenbarung geschenkt, wäre der Mensch verloren und lebte in Finsternis.

■■■ Die christliche Antwort

Die Glaubwürdigkeit einer Religion hängt von der Vertretbarkeit ihrer Wahrheitsansprüche ab. Wir wenden in der Regel drei Grundkriterien an, mit denen wir die Gültigkeit und Glaubwürdigkeit einer Weltanschauung bestimmen. Folgende Kriterien muss eine Religion erfüllen, um wahr zu sein: 1. Logisch widerspruchsfrei, 2. durch Fakten nachweisbar, 3. im Alltag nachzuleben.

Es ist sinnlos zu sagen, die Realität übersteigt die Logik oder die Religion ist reine Glaubenssache oder bar jeder Vernunft, denn eben diese Aussage setzt schon Logik voraus. Jede sinnvolle Aussage ist entweder logisch oder unlogisch. Ist sie logisch, dann ist die Realität logisch, ist aber die Aussage nicht logisch, ist sie bedeutungslos, denn eine sinnlose Aussage besagt nichts. David Freeman merkt an: „Wenn Glaubenssysteme Sinn haben sollen, müssen sie konsistent sein und nicht widersprüchlich."

Der christliche Glaube ist logisch widerspruchsfrei, denn er besagt etwas logisch Mögliches. Absurditäten wie im Hinduismus und Buddhismus (z.B. nur Gott existiert, die Welt ist eine Illusion, keine Individualität, das Böse ist eine Illusion, etc.) findet man nicht im Christentum. Zweitens ist der christliche Glaube in der Geschichte begründet und verwurzelt. Im Gegensatz zu östlichen Religionen, die ihre Lehren auf abstrakte Vorstellungen gründen, hat das Christentum die Realität einen lebendigen Christus zu bieten, der starb und wieder auferstand, um den Menschen zu retten und von der Sünde zu befreien. Christus und seine Auferstehung sind genauso historisch nachweisbare Fakten wie alle anderen historischen Ereignisse, die nachweisbar sind.

Schließlich kann man die christliche Weltanschauung im Alltag nachleben. Das Christentum beteuert die Realität eines Universums, das Sinn, Ziel und Ordnung hat. Alle leben zwar auf der Grundlage der christlichen Vorstellung von Realität, doch nur wenige glauben daran. Wir müssen doch nach dem leben können, was wir glauben, und glauben, wonach wir leben. Einsichtige Denker wie Dietrich Bonhoeffer, G.K. Chesterton, Helmut Thielicke, F. Schaeffer, Os Guinness, C.S. Lewis und andere haben eindrucksvoll dargelegt, wie das Christentum dem menschlichen Leben und menschlichen Erfahrungen gewachsen ist.

Das Christentum stellt eine Quelle für die Würde, Moral und den Wert des Menschseins dar. Menschliche Wesen sind nicht bloß ein kosmischer Zufall, ein Staubkörnchen oder ein Wassertropfen in einem unpersönlichen Ozean. Wir sind nach dem Bild Gottes geschaffen und dazu ausgestattet, eine sinnvolle Beziehung zu unserem Schöpfer zu unterhalten. Professor Paul Krishna, ein ehemaliger Hindu, bezeugt die Realität der Quelle, die er in Christus gefunden hat:

■■*Als Hindu hatte ich Selbstdisziplin und viel Lernen auszuhalten, und zwar zu dem einen Zweck, mich selber zu bessern und den Himmel durch meine eigenen Taten zu erlangen. Das Christentum fängt bei der Schwäche des Menschen an. Es bittet uns, unsere Ichbezogenheit und Unfähigkeit zu akzeptieren, und verspricht uns dann ein neues Wesen. Christus ist gekommen, die Kranken zu heilen, nicht die Gesunden oder die Dünkelhaften.*

Die Menschen brauchen nicht zu verzweifeln oder auf ewige Suche nach dem Ewigen gehen, denn das Ewige ist zu dem Zeitlichen gekommen. Jesus sagte: „Der Dieb kommt, um zu stehlen, zu schlachten und zu vernichten. Ich aber bringe allen, die zu mir gehören, das Leben – und dies im Überfluss" (Johannes 10,10).

8

BITTE ANTWORTEN – DIE HERAUSFOR- DERUNG DES ISLAM

In einem hervorragenden Artikel über den Islam schreibt das *Time*-Magazin: „Die Muslime entdecken ihre geistlichen Wurzeln neu und machen die politische Macht der islamischen Lebensweise wieder geltend." Weiter heißt es: „Der Westen kann es sich nicht länger leisten, die lebendige Macht der Botschaft des Propheten zu ignorieren oder darüber hinwegzugehen."

Der Islam hat sowohl religiös als auch politisch weltweit durchschlagenden Einfluss. Die anhaltende Krise im Mittleren Osten veranschaulicht die Realität seiner Existenz. „Gott mag ja im Westen tot sein", sagte ein Beobachter, „aber im Mittleren Osten ist er quicklebendig."

Von Malaysia bis Marokko lassen sich Menschen zum Islam bekehren. Neue Zentren zur Verbreitung des Islam tauchen in aller Welt auf. In einigen Teilen Afrikas lassen sich zehn Mal mehr Menschen zum Islam bekehren als zum Christentum. Der Islam wird zunehmend zu einer der beliebtesten Religionen der Erde und zur am schnellsten wachsenden des beginnenden 21. Jahrhunderts. Nach der Anzahl seiner Anhänger folgt er gleich auf das Christentum. Schätzungsweise bekennt sich jeder fünfte Erdbewohner zum Islam – etwa 967 Millionen. Er wird mehr und mehr zur Religion des Nahen und Fernen Ostens und erhält starken Zulauf sowohl in Europa als auch in Amerika. Angesichts dessen darf man seine Existenz weder ignorieren noch seinen Einfluss in unserem Zeitalter unterschätzen.

Der amerikanische Theologe Bruce Demarest schreibt:
■■*Durch Bewegungen wie die Islamische Weltgemeinschaft wirbt die Religion Mohammeds heute kräftig um die Seelen Amerikas. Er behauptet kühn, Antworten auf Übel wie Alkoholismus, Promiskuität, Auseinanderbrechen von Familien und Rassismus zu bieten, die die Amerikaner heimsuchen.*

Der Islamist Don M. McCurry merkt an: „In einem Land nach dem anderen wachen orthodoxe Muslime auf, spannen ihre Muskeln an und werden militant."

Während des gut finanzierten „Festival of Islam" in Großbritannien vertraten die Muslime die Auffassung: „Erst wenn wir London für den Islam gewinnen, werden wir auch den Rest der westlichen Welt gewinnen können."

Genau wie das Judentum und das Christentum behauptet der Islam, die Erfüllung göttlicher Offenbarung zu sein. Die Quelle dieser Offenbarung ist der Koran. In seinem bekannten Werk *Den Islam verstehen* gibt Frithjof Schuon einen Abriss der Sichtweise des Islam:

■■ *Wenn der Koran scharfe, gegen das Christentum und mit um so größerem Recht gegen das Judentum gerichtete Angriffe enthält, dann deshalb, weil der Islam nach diesen Religionen gekommen ist, was bedeutet, dass er verpflichtet war ..., sich als eine Verbesserung dessen darzustellen, was ihm vorausging.*[116]

Der Moslem hält den Koran für das Wort Gottes an ihren Propheten Mohammed, der als der größte und letzte Prophet gilt. Nach dem Koran sind Adam, Noah, Abraham, Mose, Jesus und andere biblische Gestalten wahre Propheten Gottes. Jesus Christus erhält große Titel, doch seine Göttlichkeit wird abgestritten. Vielfach wird Jesus mit ungewöhnlichen Formulierungen umschrieben und als erhaben über alle anderen Propheten dargestellt; doch erkennt man Mohammed als letzten Propheten an.

Die Lehren des Islam sind in den Fünf Lehrsätzen und den Fünf Säulen zusammengefasst. J.N.D. Anderson hebt hervor: „In diesen Fünf Säulen, und insbesondere in dem Glaubensbekenntnis und der Verrichtung von Beten und Fasten, besteht für den Durchschnitts-Moslem hauptsächlich die Ausübung des Islam.“

■■■ Original oder Fälschung – das Neue Testament

Muslime glauben, die Bibel sei von den ersten Christen abgeändert worden. Sie behaupten, in die Heilige Schrift seien falsche Ideen und Lehren eingebracht worden, womit die ursprünglichen Lehren Jesu Christi verdreht wurden.

> **Der Islam stellt das, was an Gott unwandelbar ist, dem gegenüber, was am Menschen beständig ist.**[117]
> Frithjof Schuon

Sie lehren: „Die Sünder unter ihnen aber setzten ein anderes Wort an dessen Stelle, das gesagt war ihnen" (Koran Sure 7:162). Es heißt: „Wehe denen, welche die Schrift mit eigenen Händen schreiben und geringen Gewinnes wegen sagen: ‚Dieses ist von Allah.' Wehe ihnen wegen ihrer Hände Schrift und wehe ihnen wegen ihres geringen Gewinnes dafür!" (2:79)

Maurice Bucaille, ein islamischer Apologet, schreibt: „Die hier zusammengetragenen Fakten und die zitierten Kommentare mehrerer bedeutender christlicher Exegeten haben die Ansicht der Orthodoxie widerlegt, die sich auf die vom letzten Konzil eingeschlagene Linie über die absolute Historizität der Evangelien stützt, die angeblich das getreu wiedergeben, was Jesus tatsächlich tat und lehrte."[118]

In seinem Buch *Muhammed and Christ* (dt. etwa: *Mohammed und Christus)* bekräftigt Maulvi Muhammad Ali: „Die Grundlage der christlichen Religion ruht auf höchst unzuverlässigen Berichten." Bucaille geht noch weiter: „Darüber hinaus wird über eine Reihe von Ereignissen von zwei oder mehreren Evangelisten oft sehr unterschiedlich berichtet. Sehr häufig sind die Christen über die Existenz solcher Widersprüche in den Evangelien erstaunt – wenn sie sie entdecken –, denn man hat ihnen wieder und wieder versichert, dass die Autoren Augenzeugen dessen waren, worüber sie berichten."[119]

Doch im Gegensatz zur allgemeinen Meinung wird das Neue Testament von einer Vielzahl von Manuskripten gestützt – im Gegensatz zu den meisten klassischen Dokumenten. Der Neutestamentler F.F. Bruce schreibt:

> ■■*Wir haben viel mehr Unterlagen für die neutestamentlichen Schriften als die meisten Schriften klassischer Autoren, deren Echtheit anzuzweifeln niemandem einfallen würde.*[120]

Das Neue Testament ist ungewöhnlich im Hinblick auf Genauigkeit, Geschichte und Archäologie. Führende Bibelgelehrte, die sich mit dem Material beschäftigt haben schließen, dass es verlässlich ist.

Professor Joachim Jeremias liefert einen wertvollen Beitrag hinsichtlich der Authentizität des Neuen Testaments:

> ■■*Unbeschadet dessen kann man summarisch sagen, dass der ... vorgeführte sprachlich-stilistische Befund eine so große Treue und eine solche Ehrfurcht gegenüber der Überlieferung der Worte Jesu zeigt, dass der methodische Grundsatz berechtigt erscheint: Bei der synoptischen Überlieferung der Worte Jesu muss nicht die Echtheit, sondern die Unechtheit bewiesen werden.*[121]

Diese Fakten liefern gute Gründe, die Authentizität des Neuen Testaments zu akzeptieren. Clark Pinnock hat Recht: „Pessimismus gegenüber der Glaubwürdigkeit des Neuen Testaments ist höchst ungerechtfertigt und veranschaulicht, dass die Fakten ignoriert werden."

Der Christ ist in einer weit besseren Beweislage gegenüber dem Neuen Testament als der Moslem gegenüber dem Koran. In seinem Werk *The Sacred Writings of the World's Great Religions* (dt. etwa: *Die Heiligen Schriften der Großen Weltreligionen*) schreibt Dr. S.E. Frost:

> ■■*Folglich ordnete etwa zwölf Jahre später Uthman, dritter Kalif, an, dass alle Abschriften des Originalwerks zerstört und eine neue authentische Version angefertigt würde. Diese anerkannte Fassung enthält Glau-*

bensfetzen vieler religiöser Quellen, hauptsächlich ara-
bische Traditionen und Volkstum, Zoroastrismus, jüdi-
sche und christliche Theologie.

Josh McDowell und John Gilchrist meinen:
■■*Es gibt handfeste Beweise in den besten Werken*
islamischer Tradition (z.B. die Muslim Sahih, Bukhari
Sahih, Mishkat-ul-Masabih), dass es von Anfang an für
den Koran zahlreiche unterschiedliche und einander
widersprechende Lesarten gab.

■■■ Sinn oder Unsinn – ein dreifacher Gott

Zwar mag es viele Übereinstimmungen zwischen Islam und
Christentum geben, doch trennt die beiden Religionen
nichts mehr als ihre Ansichten über Gott. Ein gebildeter
Moslem sagte einmal zu einem Christen: „Sooft ihr Christen von Jesus als dem ‚Sohn Gottes' sprecht, bringt ihr
unser Blut in Wallung."

Die islamische Sichtweise Gottes drückt sich in sieben
Worten aus: *La ilaha illa Allah, Mohammed rasul Allah* –
„Es gibt keinen Gott außer Allah, und Mohammed ist sein
Prophet". Das ist ihre Grundüberzeugung von Gott. Dieses
Glaubensbekenntnis *ipso facto* zu wiederholen macht einen
zum wahren Gläubigen.

Nach dem Philosophen David Freeman „ist die Grund-
vorstellung von Allah oder Gott unpersönlich und negativ.
Er ist eine riesige Einheit, die nichts Bekanntem oder nichts
Erschaffenem ähnelt". Und weiter: „Gott unterscheidet
sich so stark von seinen Geschöpfen, dass nur wenig über
ihn postuliert werden kann."

In Sure 112 hebt der Koran hervor: „Und nicht ihm gleich ist einer."

Diese Vorstellung kommt auch in einem bekannten Lied zum Ausdruck: „Was sich dein Verstand auch immer ausdenken mag, dass Allah nicht ist, kannst du glauben."

Gott ist vollkommen anders und mit nichts zu vergleichen. Wenn dem so ist, ist Gott im islamischen Kontext nicht erkennbar. William McElwee hat Recht:

■■*Ein solcher Gott ist daher nicht erkennbar, weil alles, was sich über Ihn sagen ließe, nur wäre, dass Er nicht dies oder das ist. Zwar führen Muslime den Namen Gottes häufig im Munde, aber den meisten ist Er ein unbekanntes Wesen.*

Miller stimmt Raymund Lull, dem ersten großen Missionar für Muslime, zu: „Das größte Defizit der islamischen Religion ist ihr Verständnis von Gott."

Christen stimmen mit Muslimen in ihrer Ablehnung des Polytheismus überein – dem Pantheon zahlreicher Götter. Mohammed hat Recht, dass die Christen, wenn sie an drei Götter glauben, auch nicht besser sind. Doch hier hat der Gründer des Islam das Christentum gründlich missverstanden. Thomas Hugh nennt die Gründe für das Missverständnis:

■■*Die Kontroversen hinsichtlich Wesen und Person unseres Herrn im Himmel hatte eine Sekte von Tri-Theisten hervorgebracht, angeführt von einem syrischen Philosophen namens Johannes Philoponus von Alexandria, und sie reichen aus, um für Mohammeds Verständnis von der Dreieinigkeit verantwortlich zu sein. Die Verehrung der Jungfrau Maria entfachte ebenfalls eine religiöse Kontroverse ... Unter diesen Umständen ist es nicht weiter verwunderlich, dass sich der arabische Reformer vom Christentum abwandte und sich*

daran machte, eine Religion nach den Grundsätzen des
Judentums aufzubauen.

Mohammeds Falschauffassung der Dreieinigkeitslehre
wird gleichermaßen im Koran sichtbar. Seine Anmerkungen zur Dreieinigkeit entsprechen nicht im entferntesten
den biblischen Beweisen. Der Koran widerspricht deutlich
der zentralen Lehre der Heiligen Schrift von der Gottheit
Christi. In Sure 5,78 heißt es: „Der Sohn Marias, der Messias, ist nichts als ein Gesandter."
Dazu Phil Parshall:
■■*Muslime glauben generell, die treibende Kraft der*
Dreieinigkeit bestehe darin, dass Gott der Vater
Geschlechtsverkehr mit Maria, der Mutter Jesu und
zweitem Bestandteil der Dreieinigkeit, hatte. Aus dieser
Vereinigung ging Jesus als dritte Person der Dreieinig
keit hervor.

Sure 4,172 veranschaulicht deutlich die vorherrschende
Haltung der Muslime gegenüber dem christlichen Gott:
■■*Ihr Schriftbesitzer, überschreitet nicht die Grenzen*
eurer Religion und sagt nichts anderes von Allah, als
was wahr ist. Wahrlich, der Messias Jesus, der Sohn
Marias, ist ein Gesandter Allahs, und das Wort, das er
Maria niedersandte, eine Erfüllung Allahs und sein
Geist. Glaubt daher an Allah und seinen Gesandten,
sagt aber nichts von der Dreiheit. Vermeidet das, und es
wird besser um euch stehen. Es gibt nur einen einzigen
Gott. Fern von ihm, dass er einen Sohn habe! Sein ist,
was in den Himmeln und auf der Erde ist.

Die Muslime verstehen Gott als mathematische Einheit,
und davon ausgehend ist Gott per Definition unteilbar. Ihre
Logik lautet: Wenn der Vater Gott ist, ist der Sohn Gott,

und ist der Heilige Geist Gott; mathematisch macht das drei Götter (1+1+1=3).

Doch Gott ist keine mathematische Einheit. Mit welchem Recht muss Gott in unser begrenztes und endliches mathematisches System passen? Steht er nicht über der menschlichen Perspektive des Seins? Sollte Gott in derselben Dimension existieren wie seine Geschöpfe? Ist er nicht größer als seine Schöpfung? Argumentieren nicht die Muslime, dass Allah anders ist als seine Geschöpfe und dass es nichts gibt, was ihm gleicht? Wenn das stimmt, warum beschränken die Muslime Gott auf die menschliche Dimension sowie auf die Grenzen ihres eigenen Verstehens? Gott ist kein Mensch, der in unsere Kategorien passen müsste. Robert Brow hebt etwas Wichtiges hervor: „Die christliche Sicht der Einheit Gottes ist nicht mathematisch, sondern organisch. Im allereinfachsten Atom werden Elektron, Proton und Neutron nicht zu Dreien zusammengezählt, sondern von der Atomkraft zusammengehalten bilden sie eine Einheit."

Und weiter: „Wenn Gott ein lebendiger Gott ist, sollten wir nicht überrascht sein, eine Komplexität in seiner Einheit zu entdecken."

Zu demselben Thema schreibt Phil Parshall:

■■*Aristoteles hob hervor, dass das Wort eins in mehr als einem Sinne verwendet wird. Es kann eine quantitative Einheit oder eine Wesenseinheit bezeichnen. Zum Beispiel kann ein Wassermolekül numerisch „eins" sein, ohne seinem Wesen nach eins oder einzig zu sein, wie die Formel H_2O veranschaulicht.*

Gott ist dem Wesen nach eins, aber als drei Personen. Anders ausgedrückt: In Gott gibt es ein Was und drei Wer. Was ist Gott? Gott ist dem Wesen nach eins. Wer ist Gott? Er ist Vater, Sohn und Heiliger Geist.

Dreieinigkeit ist kein Widerspruch in sich, wie manche annehmen. Sie verstößt nicht gegen die Gesetze der Logik. Sie mag die Logik übersteigen, aber sie verstößt nicht dagegen. Die Dreieinigkeit ist weder eine metaphysische Absurdität, noch mathematischer Unsinn. Sehr häufig wird die Dreieinigkeitslehre abgelehnt, nicht weil sie unlogisch wäre, sondern, wie Dale Rhoton richtig feststellt: „Einer der Hauptgründe, weshalb die Lehre von der Dreieinigkeit angegriffen wird, ist der, dass der Mensch sich ganz automatisch Gott als ein Wesen mit nur einem Bewusstseinszentrum vorstellt."[122]

Wenn wir mit diesem Vorurteil auf Gott zugehen, wird unser Verstand im Hinblick auf seine Wahrheit und Wirklichkeit immer im Dunkeln verharren. Wir stimmen mit der Auffassung J.S. Wrights überein:

■■*Wenn wir mit der fixen Idee anfangen, die Einheit der Gottheit bedeute mathematische Einheit und die göttliche Sohnschaft bedeute unvermeidlich, der Vater habe vor dem Sohn existiert, kann uns die Heilige Schrift nicht klar werden, denn wir versuchen, sie in ein willkürliches Denkmuster zu zwängen.*

Dazu auch Dr. John W. Montgomery:

■■*Die Dreieinigkeitslehre ist nicht „irrational"; irrational ist vielmehr, den biblischen Beweis für die Dreieinigkeit zu Gunsten der Einheit, oder den Beweis für die Einheit zu Gunsten der Dreieinigkeit außer Acht zu lassen. Unsere Daten müssen Vorrang vor unseren Denkmodellen haben – oder besser gesagt, unsere Denkmodelle müssen die gesamte Spannweite der Daten widerspiegeln.*

Die Daten der Heiligen Schrift weisen eindeutig auf einen dreieinigen Gott hin. Der Hauptgrund dafür, dass die

Christen die Dreieinigkeitslehre akzeptieren ist der, dass viele wichtige Bibelstellen keinen Sinn ergeben, wenn die Dreieinigkeit nicht zutrifft. Das Neue Testament ist ohne die Vorstellung von Dreieinigkeit sinnlos. Tatsache ist, Gott hat sich in der Bibel als Vater, Sohn und Heiliger Geist offenbart. Dafür gibt es eindeutige Beweise in folgenden Versen: Matthäus 28,19; 2. Korinther 1,21-22; 13,14; 1. Korinther 6,11; 12,4-6; Galater 3,11-14; 1. Thessalonicher 5,18-19; 1. Petrus 1,2; siehe Johannes 1,1-3; 10,30+33; 14,9; 20,17; Kolosser 2,9.

Verwirren lässt sich der Verstand nicht von der Dreieinigkeitslehre, sondern von der Lehre des Koran. Jesus Christus wird von seiner Herkunft, Titel, Taten, Macht und Stellung als Mohammed weit überlegen dargestellt, und doch sollen wir Mohammed nachfolgen. Der Jesus des Koran ist schon sehr geheimnisvoll. Warum ist Jesus einzigartig, wenn Mohammed der größte Prophet ist? Warum wird Jesus der Messias genannt? Warum war seine Geburt ein Wunder, wenn er nicht der größte Gesandte Gottes war?

■■■ Streitfrage Auferstehung

Der christliche Glaube basiert weder auf einer abstrakten metaphysischen Vorstellung, noch auf einem illusorischen esoterischen Prinzip. Das Christentum ist in einem bedeutenden historischen Raum-Zeit-Ereignis begründet und verwurzelt – dem Tod und der Auferstehung Jesu Christi. Das sind keine Ansichten, sondern Nachrichten: die gute Nachricht, dass Gott in Jesus Christus unseren Planeten besucht und unser Problem von Sünde und Tod gelöst hat.

Der Apostel Paulus schreibt in einem bedeutenden

Abschnitt des Ersten Korintherbriefs: „Wenn aber Christus nicht von den Toten auferweckt wurde, ist euer Glaube nichts als eine Illusion, und ihr seid auch von eurer Schuld nicht frei ... Wenn der Glaube an Christus uns nur für dieses Leben Hoffnung gibt, sind wir die bedauernswertesten unter allen Menschen" (15,17.19).

Im Gegensatz zum Islam greift das Christentum auf historische Tatsachen und Beweise zurück, um seine Ansprüche und Glaubwürdigkeit zu belegen. Doch der Islam streitet diese Ansprüche sowie die Beweise ab. Im Koran heißt es: „Sie haben ihn aber nicht getötet und nicht gekreuzigt, sondern einen anderen, der ihm ähnlich war." (Sure 4,158)

In Übereinstimmung mit diesem Vers hebt Yusuf Ali hervor: „Nach der Lehre des Koran wurde Christus weder gekreuzigt, noch von den Juden getötet, ungeachtet gewisser offenbarer Umstände, die dieses Trugbild im Kopf mancher seiner Feinde hervorriefen."

Die Grundeinstellung der meisten Muslime ist, dass Jesus niemals am Kreuz starb. Sie sind sich nicht ganz sicher, was wirklich geschah, doch sie streiten sein Sterben am Kreuz kategorisch ab.

Maulvi Muhammad Ali sieht die Logik der christlichen Haltung ganz richtig, doch leugnet fälschlicherweise ihre Beweise. Er schreibt:

■■■*Christus starb niemals am Kreuz und stand niemals von den Toten auf: Das Predigen des christlichen Missionars ist daher vergebens und vergebens ist auch sein Glaube. Die christliche Religion gründet sich auf den Tod Christi am Kreuz und seine darauf folgende Auferstehung; beides hat sich als unhaltbar falsch erwiesen.*

Es leuchtet ein, dass, wenn Christus nicht starb und von den Toten auferstand, der christliche Glaube unhaltbar falsch ist, aber wenn Christus von den Toten auferstand, ist es zwingend logisch, dass das Christentum Recht hat.

Die ablehnende Haltung der Muslime gegenüber der Kreuzigung ist unlogisch und entbehrt jeder historischen Grundlage. Diese Einstellung wirft vielmehr weitere Probleme auf und schafft zahlreiche Absurditäten. Man kann diese Haltung lediglich auf Kosten von Fakten und Beweisen beibehalten. Diese Sichtweise legt nahe, dass die römischen Soldaten, die für den Tod Jesu zuständig waren, sorglos und verantwortungslos waren. Dr. John W. Montgomery stellt richtig dar:

■■*Ganz gewiss starb Jesus am Kreuz, denn die römischen Kreuzigungs-Mannschaften kannten sich aus (sie hatten reichlich Praxis). Nach so einer Kreuzigung hätte er niemals den schweren Steinblock vor dem Grab wegrollen können.*

Der Beweis für die Auferstehung Christi ist eindeutig. Wer sich offen und ehrlich mit dem Beweis beschäftigt hat, konnte davon überzeugt werden. Lord Caldecote, Richter eines Obersten Gerichts in England, besah sich die Beweise und schrieb: „Die Behauptungen Jesu Christi, insbesondere seine Auferstehung, ließen mich, sooft ich versucht habe sie zu untersuchen, daran glauben wie an eine Tatsache, die über jeden Zweifel erhaben ist." Lord Lyndhurst gilt als einer der besten Juristen aller Zeiten in England. Sein Urteil zur Auferstehung lautet: „Ich weiß ganz genau, was ein Beweis ist; und eins sage ich Ihnen – ein solcher Beweis wie der für die Auferstehung hat bisher noch nie versagt."

Der britische Jurist Frank Morison wollte sich daran machen, ein Buch zu schreiben, das ein für alle Mal mit der Auferstehung aufräumen würde. Als er mit seinen

Forschungen begann, hatte er im Hinterkopf, dass die Auferstehung nichts als ein Märchen sei, aber nach monatelangem Sichten der Beweise kam er zwangsläufig zur entgegengesetzten Auffassung. Er ging auf die Knie und nahm Christus als seinen eigenen lebendigen Retter an. Dann schrieb er ein Buch mit dem Titel „*Wer wälzte den Stein?*"[123] und überschrieb das erste Kapitel mit „Das Buch, das nicht geschrieben werden wollte". Er konnte mit logischen Mitteln nichts gegen die Beweise vorbringen und musste die Wahrheit der Auferstehung als Tatsache anerkennen.

Die Existenz des Islam deutet auf die Suche des Menschen nach Antworten hin, doch so sehr er es auch versucht, er wird die Antwort niemals im Islam finden. Wenn nicht Gott persönlich seine Wahrheit offenbart, wird der Mensch hinsichtlich der Frage nach dem Sinn und Zweck des Lebens im Dunkeln bleiben. Die Antwort auf den Islam ist dieselbe Antwort, die die Christen in Jesus Christus gefunden haben. Daud Rahbar, ein früherer Moslem und Professor für Islamistik an der Universität Punjab in Pakistan, beantwortet die Frage eines jeden Moslem:

■■*Wenn die biblische Geschichte von Jesus ein Mythos ist und wenn der Schöpfer ein anderer ist als der göttliche Märtyrer Jesus, dann ist er ein Schöpfer, der seinen Thron für das übergeordnete Wesen Jesus räumen sollte. Aber in Wirklichkeit sind der ewige Schöpfer und der göttliche Märtyrer Jesus ein und dasselbe Wesen.*

■■■ Literaturverzeichnis

Albrecht, Mark: Reinkarnation – die tödliche Lehre. Asslar: Schulte + Gerth (jetzt: Gerth-Medien), 1988.

Albright, W.F.: Archäologie in Palästina. Einsiedeln: Verlagsanstalt Benziger, 1962.

Compendium Theologiae. Grundriss der Glaubenslehre. Heidelberg/Freiburg: Kerle (jetzt: Herder), 1963.

Baker Eddy, Mary: Wissenschaft und Gesundheit mit Schlüssel zur Heiligen Schrift. Boston: First Church of Christ, Scientist, 1989.

Berger, Peter: Auf den Spuren der Engel. Freiburg: Herder, 1991.

Betz, Otto: Was wissen wir von Jesus?: der Messias im Licht von Qumran. Wuppertal: Brockhaus, 1999.

Bhagavadgita. München: dtv, 1997.

Bruce, F.F.: Die Glaubwürdigkeit der Schriften des Neuen Testaments. Bad Liebenzell: Verlag der Liebenzeller Mission, 1976.

Bucaille, Maurice: Bibel, Koran und Wissenschaft. München: SKD Bavaria Verlag & Handel GmbH.

Butterfield, Herbert: Christentum und Geschichte. Stuttgart: Engelhornverlag Adolf Spemann, 1952.

Camus, Albert: Der Mythos von Sisyphos. Reinbek: Rowohlt, 2000.

Camus, Albert: Die Pest. Reinbek: Rowohlt, 1999.

Davies, Paul: Gott und die moderne Physik. München: Goldmann, 1989.

Die schönsten Upanishaden. Zürich: Rascher, 1951.

Durant, Will: Caesar und Christus. Bern: Francke, 1949.

Feuerbach, Ludwig: Das Wesen des Christentums. Stuttgart: Reclam, 1994.

Freud, Sigmund: Massenpsychose und Ich-Analyse/Die Zukunft einer Illusion. Frankfurt: Fischer, 1974.

Fromm, Erich: Zen-Buddhismus und Psychoanalyse. Frankfurt: Suhrkamp, 1995.

Geisler, Norman L.: Die Wurzeln des Bösen. Bad Liebenzell: Verlag der Liebenzeller Mission, 1980.

Geisler, Norman: Wenn Skeptiker fragen. Dillenburg: Christliche Verlagsgesellschaft, 1990.

Green, Michael: Dann lebt er also doch! Neuhausen-Stuttgart (jetzt: Holzgerlingen): Hänssler, 1975.

Guinness, Os: Asche des Abendlandes. Neuhausen-Stuttgart (jetzt: Holzgerlingen): Hänssler, 1976.

Hardy, G.B.: Countdown. Frutigen: Trachsel, 1979.

Hume, David: Dialoge über natürliche Religionen. Stuttgart: Reclam, 1994.

Jauncey, James H.: Naturwissenschaft auf den Spuren Gottes. Kassel: Oncken, 1965.

Jeremias, Joachim: Neutestamentliche Theologie. Erster Teil: Die Verkündigung Jesu. Gütersloh: Gütersloher Verlagshaus Gerd Mohn, 1971.

Josephus, Flavius: Jüdische Altertümer. Wiesbaden: Fourier, 1987.

Kant, Immanuel: Kritik der praktischen Vernunft. Hamburg: Meiner, 1990. Kant, Immanuel: Kritik der reinen Vernunft. Darmstadt: Wiss. Buchges., 1998.

Keller, Werner: Und die Bibel hat doch recht. Köln: Naumann + Göbel, 2000.

Kipling, Rudyard: Die Ballade von Ost und West. Zürich: Haffmanns, 1992.

Koran: Der Koran. Die Heilige Schrift des Islam. München: Orbis, 1993.

Kraemer, Hendrik: The Christian Message in a Non-Christian World

Küng, Hans: Existiert Gott? München: Piper, 1995.

Kurtz, Paul: Verbotene Früchte. Neustadt: Lenz, 1998.

Laudse: Daudedsching (Lao-tse: Tao-te-king). München: dtv, 1992.

Leibniz, G.W.: In der Vernunft begründete Prinzipien der Natur und Gnade. Neu-Isenburg: Tiessen, 1983.

Lewis, C.S.: Pardon, ich bin Christ. Basel: Brunnen, 1998.

Lewis, C.S.: Über den Schmerz. Gießen: Brunnen, 1995.

Lewis, C.S.: Was sollen wir mit Jesus Christus anfangen? Gießen: Brunnen, 1984.

Lewis, C.S.: Wunder. Basel: Brunnen, 1980.

Lexikon der östlichen Weisheitslehren. Bern: Scherz, 1986.

Little, Paul E.: Ich weiß, warum ich glaube. Neuhausen-Stuttgart (jetzt: Holzgerlingen): Hänssler, 1988.

Mackie, J.L.: Das Wunder des Theismus. Stuttgart: Reclam, 1987.

Mandukya Upanishad. Gladenbach: Hinder + Deelmann, 1989.

Marx, Karl: Zur Kritik der Hegelschen Rechtsphilosophie. In: Karl Marx, Friedrich Engels, Gesamtausgabe (MEGA). Berlin: Dietz, 1982

Morison, Frank: Wer wälzte den Stein? Konstanz: Christliche Verlagsanstalt (jetzt: Neukirchen-Vluyn), 1978.

Nietzsche, Friedrich: Also sprach Zarathustra. München: Goldmann, 1999.

Nietzsche, Friedrich: Der Antichrist. Frankfurt: Insel, 1986.

Nietzsche, Friedrich: Die fröhliche Wissenschaft. Stuttgart: Kröner, 1950.

Pais, Abraham: Raffiniert ist der Herrgott ... Albert Einstein. Heidelberg: Spektrum, 2000.

Pascal, Blaise. Gedanken. Köln: Parkland, 1997.

Pinnock, Clark H.: Alles spricht dafür: eine Beweisführung für den christlichen Glauben. Marburg: Francke, 1982.

Platon: Apologie des Sokrates. Stuttgart: Reclam, 1995. Hg. von Manfred Fuhrmann.

Purtill, Richard L.: Grundkurs des religiösen Denkens. Düsseldorf: Patmos, 1979.

Reps, Paul: Ohne Worte – ohne Schweigen. Bern: Scherz, 1976.

Richardson, Alan: Die Bibel im Zeitalter der Wissenschaft. Göttingen: Vandenhoeck & Ruprecht, 1964.

Ridenour, Fred: An Jesus vorbei. Wuppertal (jetzt: Neukirchen-Vluyn): Aussaat, 1980.

Rhoton, Dale: Die Logik des Glaubens. Neuhausen-Stuttgart (jetzt: Holzgerlingen): Hänssler, 1993.

Russell, Bertrand: Warum ich kein Christ bin. Reinbek: Rowohlt, 1992.

Sartre, Jean-Paul: Ist der Existentialismus ein Humanismus? Frankfurt: Ullstein, 1989.

Sartre, Jean-Paul: Das Sein und das Nichts. Reinbek: Rowohlt, 1989.

Sartre, Jean-Paul: Die Wörter. Reinbek: Rowohlt, 1983.

Schuon, Frithjof: Den Islam verstehen. Freiburg: Herder, 1993.

Schaeffer, Francis: Gott ist keine Illusion. Wuppertal: Brockhaus, 1991.

Shakespeare, William: Hamlet. Bremen: Bremer Shakespeare Company, 1999.

Stauffer, Ethelbert: Jesus: Gestalt und Geschichte. Bern: Francke, 1957.

Stott, John R.W.: Grundkurs christlicher Glaube. Wuppertal: Brockhaus, 1986.

Suzuki, Daisetz Taitaro: Der westliche und der östliche Weg. Frankfurt (jetzt: Berlin): Ullstein, 1995.

Suzuki, Daisetz Taitaro: Die große Befreiung. Bern: Barth, 1999.

Tagore, Rabindranath: Die Religion des Menschen. Freiburg: Hyperion, 1962.

Tillich, Paul: Systematische Theologie. Stuttgart: Evang. Verlagswerk, ab 1955.

Türstig, Hans-Georg (Hrsg.); Die Weisheit der Upanishaden. Frankfurt: Fischer, 1996.

Upanishaden. Die Geheimlehre der Inder. Chandog ya-Upanishad. München: Eugen Diederichs, 1998.

Wenham, John: Jesus und die Bibel. Holzgerlingen: Hänssler, 2000.

Whitehead, Alfred North: Prozess und Realität: Entwurf einer Kosmologie. Frankfurt/Main: Suhrkamp, 1995.

Whitehead, Alfred North: Wie entsteht Religion? Frankfurt/Main: Suhrkamp, 1996.

Wilder-Smith, Arthur Ernest: Warum lässt Gott es zu? Neuhausen-Stuttgart (jetzt: Holzgerlingen): Hänssler, 1996.

Wittgenstein, Ludwig: Tractatus Logico Philosophicus

Wittgenstein, Ludwig: Vortrag über Ethik. Frankfurt: Suhrkamp, 1989. Hg.: Joachim Schulte.

Zaehner, R.C.: Der Hinduismus. München: Goldmann, 1986.

■■■ Anmerkungen

1 Viktor Frankl, *Der unbewußte Gott*.

2 Erich Fromm, *Zen-Buddhismus und Psychoanalyse*, S. 111-112.

3 Im philosophischen Zusammenhang heißt *kontingent* so viel wie *zufällig, unwesentlich*; Anm. d. Übers.

4 Platon, *Apologie des Sokrates*. S. 77.

5 J.L. Mackie, *Das Wunder des Theismus*. S. 10.

6 *Thomisten* sind die Anhänger der Lehre des Thomas von Aquin – einer Lehre, die noch heute Grundlage der katholischen Glaubenslehre ist. Anm. d. Übers.

7 G.W. Leibniz, *In der Vernunft begründete Prinzipien der Natur und Gnade*, S. 12.

8 Ludwig Wittgenstein, *Tractatus Logico Philosophicus*, Nr. 6.44, S. 114.

9 Ludwig Wittgenstein, a.a.O., Nr. 6.4312, S. 113.

10 Albert Einstein 1926 in einem Brief an Max Born, in *Raffiniert ist der Herrgott ... Albert Einstein* von Abraham Pais. S. 450-451.

11 David Hume, *Dialoge über natürliche Religionen*.

12 Immanuel Kant, *Kritik der reinen Vernunft*, S. 693.

13 Paul Davies, *Gott und die moderne Physik*, S. 247.

14 Ähnlich schreibt Clark H. Pinnock in *Alles spricht dafür* auf S. 50: „Wenn wir auf einem Hang verstreute Steine sähen, die sich zu den Worten ‚Willkommen in Kanada' zusammenfügen und lesen lassen, nähmen wir auch nicht an, dass sie rein zufällig so den Berg hinabgerollt seien, dass sie diese Worte bilden. Das wäre zwar vielleicht möglich, aber doch sehr unwahrscheinlich. Wir nähmen statt dessen an, dass irgendein intelligent Han-

delnder sie nach diesem Muster gelegt hat, um uns etwas mitzuteilen. Ich glaube, es ist vernünftig zu glauben, dass Gott sich mit
uns verständigen möchte, und dass er das zum Teil auch durch
die weise Ordnung der Welt tut, die ein Kosmos ist und kein
Chaos" (Anm. d. Übers.).

15 Von Norman Geisler ist in deutscher Sprache u.a. erschienen:
Wenn Skeptiker fragen. Dillenburg: Christliche Verlagsgesellschaft, 1990. Anm. d. Übers.

16 Clark H. Pinnock, *Alles spricht dafür: Eine Beweisführung für
den christlichen Glauben*, S. 50.

17 David Hume, *Dialoge über natürliche Religionen*. Anm. d. Übers.

18 Immanuel Kant, *Kritik der praktischen Vernunft*, S. 186.

19 Ludwig Wittgenstein, *Vortrag über Ethik*, S. 13.

20 Tautologie (lt. Duden Fremdwörterbuch): Wiedergabe des gleichen Sachverhalts in einer Wortgruppe mit zwei synonymen
Wörtern; z.B.: „runder Kreis", Anm. d. Übers.

21 Ontologie: Lehre vom Seienden und dem, was wesentlich dazu
gehört; Anm. d. Übers.

22 Paul Kurtz, *Verbotene Früchte*, S. 84.

23 Jean-Paul Sartre, *Ist der Existentialismus ein Humanismus?*,
S. 25.

24 Peter Berger, *Auf den Spuren der Engel*, S. 83. (S. ebda. Kap. 3:
Neue Wege der Theologie: Im Anfang ist der Mensch, S. 79-111;
Anm. d. Übers.)

25 C.S. Lewis, *Wunder*, S. 125.

26 Bertrand Russell, *Warum ich kein Christ bin*, S. 40.

27 Albert Camus, *Die Pest*, S. 247.

28 S. Alfred North Whiteheads Hauptwerk *Prozess und Realität:
Entwurf einer Kosmologie*. Anm. d. Übers.

29 Alfred North Whitehead, Wie entsteht Religion? S. 60.

30 Thomas von Aquin, *Compendium Theologiae. Grundriss der
Glaubenslehre*, 141. Kapitel, S. 232-233.

31 Jean-Paul Sartre, *Ist der Existentialismus ein Humanismus?*,
S. 24.

32 Ibid., S. 24.

33 C.S. Lewis, *Pardon, ich bin Christ*, S. 51.

34 William Shakespeare, *Hamlet*, 2. Akt. 2. Szene, S. 75.

35 Norman L. Geisler, *Die Wurzeln des Bösen*, S. 12.

36 Theodizee. Dieses Kunstwort aus dem Griechischen (theou dike
= Rechtfertigung Gottes) schrieb Leibniz 1710 über seine „Versuche… über die Güte Gottes, die Freiheit des Menschen und den
Ursprung des Übels". Es besagt, nach Kant… „die Verteidigung
der höchsten Weisheit des Welturhebers gegen die Anklage, wel-

che die Vernunft aus dem Zweckwidrigen in der Welt gegen jene erhebt". Die Erfahrungsbasis dieser Anklage ist das übermächtig erscheinende Üble und Böse aller Art... Aus: Lexikon der Erkenntnistheorie und Metaphysik, von Friedo Ricken (Hg.). München: Beck, 1984. Anm. d. Übers.

37 C.S. Lewis, *Pardon, ich bin Christ*, S. 55-56.

38 Der Gottesstaat XIV 6, in: Augustinus, *Liebe und tu, was du willst*. S. 70. Frankfurt: Insel, 1995.

39 C.S. Lewis, *Über den Schmerz*, S. 24-25.

40 C.S. Lewis, *Über den Schmerz*, S. 93.

41 Aus N.L. Geisler, *Die Wurzeln des Bösen*, S. 83.

42 S. Ludwig Feuerbach, *Das Wesen des Christentums*.

43 Von Alan Richardson liegt in deutscher Übersetzung vor: *Die Bibel im Zeitalter der Wissenschaft*. Anm. d. Übers.

44 Friedrich Nietzsche, *Die fröhliche Wissenschaft*, S. 235-236.

45 Friedrich Nietzsche, *Also sprach Zarathustra*, S. 257.

46 Ludwig Feuerbach, *Das Wesen des Christentums*, S. 53.

47 Sigmund Freud, *Massenpsychose und Ich-Analyse / Die Zukunft einer Illusion*, S. 136.

48 Karl Marx, *Zur Kritik der Hegelschen Rechtsphilosophie. Einleitung.* In: Karl Marx, Friedrich Engels, Gesamtausgabe (MEGA), Bd. I/2, S. 170-1.

49 Bertrand Russell, *Warum ich kein Christ bin*, S. 19-20.

50 Jean-Paul Sartre, *Das Sein und das Nichts*.

51 Jean-Paul Sartre, *Die Wörter*, S. 104.

52 Friedrich Nietzsche, *Der Antichrist*, S. 87-88. (FfM: Insel, 1986)

53 Friedrich Nietzsche, *Also sprach Zarathustra*, S. 257. München: Goldmann, 1999.

54 In: Francis A. Schaeffer, *Gott ist keine Illusion*, S. 81.

55 Will Durant, *Caesar und Christus*, S. 633-634.

56 Otto Betz, *Was wissen wir von Jesus?: der Messias im Licht von Qumran*, S. 9.

57 F.F. Bruce, *Die Glaubwürdigkeit der Schriften des Neuen Testaments*, S. 128.

58 Herbert Butterfield, *Christentum und Geschichte*, S. 147.

59 F.F. Bruce, *Die Glaubwürdigkeit der Schriften des Neuen Testaments*, S. 128.

60 Ibid., S. 122

61 Ibid., S. 126.

62 Ibid., S. 127.

63 Flavius Josephus, *Jüdische Altertümer*, XVIII.3.3., S. 515.

64 Ethelbert Stauffer, *Jesus: Gestalt und Geschichte*, S. 19.

65 F.F. Bruce, a.a.O., S. 128.

66 C.S. Lewis, *Was sollen wir mit Jesus Christus anfangen?* S. 7-8.
67 John R.W. Stott, *Grundkurs christlicher Glaube*, S. 24.
68 C.S. Lewis, *Pardon, ich bin Christ*, S. 63
69 Clark H. Pinnock, *Alles spricht dafür: eine Beweisführung für den christlichen Glauben*, S. 74.
70 Richard L. Purtill, *Grundkurs des religiösen Denkens*, S. 94.
71 Paul E. Little, *Ich weiß, warum ich glaube*, S. 41-42.
72 C.S. Lewis, *Wunder*, S. 129-130.
73 Werner Keller, *Und die Bibel hat doch recht*, Vorwort, letzter Satz.
74 Ludwig Wittgenstein, *Tractatus Logico-Philosophicus*, S. 111.
75 Ibid., S. 112.
76 Will Durant, *Caesar und Christus,* S. 633.
77 G.B. Hardy, *Countdown*, S. 47.
78 F.F. Bruce, a.a.O., S. 111.
79 James H. Jauncey, *Naturwissenschaft auf den Spuren Gottes*, S. 80.
80 W.F. Albright, *Archäologie in Palästina.*
81 James H. Jauncey, *Naturwissenschaft auf den Spuren Gottes*, S. 82.
82 Jauncey, *a.a.O.*, S. 88.
83 G.B. Hardy, *Countdown*, S. 48.
84 John Wenham, *Jesus und die Bibel*, S. 148.
85 Fred Ridenour, *An Jesus vorbei*, S. 53.
86 Symmachus stammte aus Samaria und übersetzte im 2. Jh. n.Chr. das Alte Testament ins Griechische; Anm. d. Übers.
87 S. Michael Green, *Dann lebt er also doch!*
88 Vgl. R.C. Zaehner, *Der Hinduismus*, S. 57-59: „Materie und Geist sind unauflösbar ineinander verschlungen und aufeinander angewiesen, das Brahman ist beides – ist sowohl das Geformte als auch das Gestaltlose, das Offenbare und das Verborgene, das Sterbliche und das Unsterbliche, ist zeitliches Diesseits und Jenseits. Der Weltlauf selbst ist in der Unsterblichkeit begründet, die Materie hat daher eine unendliche und unsterbliche Dimension .... ‚Nur Seiendes war diese Welt zu Anfang, ein Einziges ohne ein Zweites‘ ... (Anm. d. Übers.)
89 Rabindranath Tagore, *Die Religion des Menschen*, S. 132.
90 Bis hierher in: R.C. Zaehner, *Der Hinduismus*, S. 180-181.
91 Vgl. *Lexikon der östlichen Weisheitslehren.*
92 Daisetz Taitaro Suzuki, *Der westliche und der östliche Weg*, S. 127. Frankfurt (jetzt: Berlin): Ullstein, 1995.
93 D.T. Suzuki, *Der westliche und der östliche Weg*, S. 121 + 127.
94 F.F. Bruce, a.a.O., S. 19.

95 G.B. Hardy, *Countdown*, S. 44.
96 Rudyard Kipling, *Die Ballade von Ost und West*, S. 25.
97 Os Guinness, *Asche des Abendlandes*, S. 188-189.
98 Mark Albrecht, *Reinkarnation – die tödliche Lehre*, S. 134.
99 *Die Bhagavadgita* 7,7-10. S. 58-59.
100 *Upanishaden. Die Geheimlehre der Inder. Chandog ya-Upanishad 6.11ff.* S. 116-117.
101 Chandogya-Upanishad 3.14,3-4; in: Hans-Georg Türstig (Hrsg.), *Die Weisheit der Upanischaden*, S. 26-27.
102 Hans Wolfgang Schumann, *Mahayana-Buddhismus*, S. 40. München: Diederichs, 1995
103 Mark Albrecht, *Reinkarnation – die tödliche Lehre*, S. 134.
104 Francis Schaeffer, *Gott ist keine Illusion*, S. 112.
105 Paul Reps, *Ohne Worte – ohne Schweigen*, S. 70.
106 D.T. Suzuki, *Die große Befreiung*, S. 51.
107 D.T. Suzuki, in Daniel Cohen, *The New Believers*, S. 112.
108 *Die schönsten Upanishaden*, S. 9-11.
109 Laudse Daudedsching (Lao-tse: Tao-te-king) Nr. 56, S. 106.
110 Paul Reps, *Ohne Worte – ohne Schweigen*, S. 145.
111 C.S. Lewis, *Wunder*, S. 22.
112 Os Guinness, *Asche des Abendlandes*, S. 200.
113 Mandukya Upanishad, Mantra 7.
114 C.S. Lewis, *Wunder*, S. 7.
115 C.G. Jung in D.T. Suzuki, *Die große Befreiung*, Geleitwort, S. 17.
116 Frithjof Schuon, *Den Islam verstehen*, S. 70.
117 Frithjof Schuon, *Den Islam verstehen*, S. 10
118 Maurice Bucaille, *Bibel, Koran und Wissenschaft*, S. 118.
119 Maurice Bucaille, a.a.O., S. 106.
120 F.F. Bruce, a.a.O., S. 19.
121 Joachim Jeremias, *Neutestamentliche Theologie. Erster Teil: Die Verkündigung Jesu*, S. 45.
122 Dale Rhoton, *Die Logik des Glaubens*, S. 87-88.
123 Frank Morison, *Wer wälzte den Stein?* Konstanz (jetzt: Neukirchen-Vluyn): Christliche Verlagsanstalt, 1978.